Historia de América Latina

Una guía fascinante de la historia de Sudamérica, México, Centroamérica y las islas del Caribe

© Copyright 2022

Todos los derechos reservados. Ninguna parte de este libro puede ser reproducida de ninguna forma sin el permiso escrito del autor. Los revisores pueden citar breves pasajes en las reseñas.

Descargo de responsabilidad: Ninguna parte de esta publicación puede ser reproducida o transmitida de ninguna forma o por ningún medio, mecánico o electrónico, incluyendo fotocopias o grabaciones, o por ningún sistema de almacenamiento y recuperación de información, o transmitida por correo electrónico sin permiso escrito del editor.

Si bien se ha hecho todo lo posible por verificar la información proporcionada en esta publicación, ni el autor ni el editor asumen responsabilidad alguna por los errores, omisiones o interpretaciones contrarias al tema aquí tratado.

Este libro es solo para fines de entretenimiento. Las opiniones expresadas son únicamente las del autor y no deben tomarse como instrucciones u órdenes de expertos. El lector es responsable de sus propias acciones.

La adhesión a todas las leyes y regulaciones aplicables, incluyendo las leyes internacionales, federales, estatales y locales que rigen la concesión de licencias profesionales, las prácticas comerciales, la publicidad y todos los demás aspectos de la realización de negocios en los EE. UU., Canadá, Reino Unido o cualquier otra jurisdicción es responsabilidad exclusiva del comprador o del lector.

Ni el autor ni el editor asumen responsabilidad alguna en nombre del comprador o lector de estos materiales. Cualquier desaire percibido de cualquier individuo u organización es puramente involuntario.

Historia de América Latina

Una guía fascinante de la historia de Sudamérica, México, Centroamérica y las islas del Caribe

© Copyright 2022

Todos los derechos reservados. Ninguna parte de este libro puede ser reproducida de ninguna forma sin el permiso escrito del autor. Los revisores pueden citar breves pasajes en las reseñas.

Descargo de responsabilidad: Ninguna parte de esta publicación puede ser reproducida o transmitida de ninguna forma o por ningún medio, mecánico o electrónico, incluyendo fotocopias o grabaciones, o por ningún sistema de almacenamiento y recuperación de información, o transmitida por correo electrónico sin permiso escrito del editor.

Si bien se ha hecho todo lo posible por verificar la información proporcionada en esta publicación, ni el autor ni el editor asumen responsabilidad alguna por los errores, omisiones o interpretaciones contrarias al tema aquí tratado.

Este libro es solo para fines de entretenimiento. Las opiniones expresadas son únicamente las del autor y no deben tomarse como instrucciones u órdenes de expertos. El lector es responsable de sus propias acciones.

La adhesión a todas las leyes y regulaciones aplicables, incluyendo las leyes internacionales, federales, estatales y locales que rigen la concesión de licencias profesionales, las prácticas comerciales, la publicidad y todos los demás aspectos de la realización de negocios en los EE. UU., Canadá, Reino Unido o cualquier otra jurisdicción es responsabilidad exclusiva del comprador o del lector.

Ni el autor ni el editor asumen responsabilidad alguna en nombre del comprador o lector de estos materiales. Cualquier desaire percibido de cualquier individuo u organización es puramente involuntario.

Índice

INTRODUCCIÓN: ¿QUÉ ENTENDEMOS POR AMÉRICA LATINA?.... 1
CAPÍTULO 1 - EL PRIMER CONTACTO: LA EUROPA LATINA SE ENCUENTRA CON AMÉRICA 6
CAPÍTULO 2 - LOS CONQUISTADORES Y EL DESTINO DE LOS AZTECAS 18
CAPÍTULO 3 - LA CAÍDA DEL IMPERIO INCA 32
CAPÍTULO 4 - LA EXPANSIÓN DE LOS DOMINIOS ESPAÑOLES Y PORTUGUESES 48
CAPÍTULO 5 - EL MOVIMIENTO HACIA LA INDEPENDENCIA DE AMÉRICA LATINA 63
CAPÍTULO 6 - LOS PRIMEROS DÍAS DE LAS REPÚBLICAS LATINOAMERICANAS 89
CAPÍTULO 7 - CONFLICTOS INTERNOS Y EXTERNOS 100
CAPÍTULO 8 - AMÉRICA LATINA: PEREGRINOS DEL PROGRESO 113
CAPÍTULO 9 - AMÉRICA LATINA Y LA EDAD MODERNA 129
CONCLUSIÓN: EL FUTURO DE AMÉRICA LATINA 139
VEA MÁS LIBROS ESCRITOS POR CAPTIVATING HISTORY 141
APÉNDICE A: LECTURAS ADICIONALES Y REFERENCIAS 142

Introducción: ¿Qué entendemos por América Latina?

Antes de comprender la historia de América Latina, debemos encontrar una forma de definir exactamente qué es América Latina. Aunque el término se utiliza con frecuencia, la referencia puede ser a veces un poco forzada. El nombre proviene del hecho de que México, Centroamérica, Sudamérica y el Caribe fueron colonizados principalmente por potencias españolas, francesas y portuguesas.

El español, el francés y el portugués se consideran lenguas romances, ya que tienen su origen en el latín, que se hablaba en el Imperio romano. América Latina recibe su nombre de las raíces latinas de estas lenguas europeas. Y no podemos olvidar el hecho de que el principal motor que dio forma a América Latina en su conjunto implica un término de más peso aún: la colonización.

Es un hecho ineludible que América Latina surgió del choque de dos mundos. Desde entonces, estas culturas se han entretejido en grandes retazos que se han vuelto prácticamente irreconocibles de sus partes originales. La cultura, la religión y la lengua latinas están tan entrelazadas con la vida en México, Centroamérica, Sudamérica y el Caribe que a veces resulta difícil imaginar una época anterior a esta fusión.

De hecho, es difícil imaginar una época en la que nadie en México hablara español o en la que la región de Brasil no conociera el portugués. Pero sí, antes de la afluencia de gente del Viejo

Mundo de Europa, estas regiones tenían civilizaciones prósperas propias. Los nativos de México, América Central y América del Sur emigraron a sus respectivas regiones miles de años antes, y construyeron sus propias civilizaciones y culturas adaptadas a los entornos específicos en los que se encontraban.

Los diferentes grupos humanos de esta gran extensión de tierra dependían de diferentes modos de supervivencia. Algunos se clasificaban como «sedentarios», otros como «no sedentarios» y otros podían ser una combinación de ambos. Los que no eran sedentarios se desplazaban de un lugar a otro, subsistiendo con un estilo de vida de cazadores-recolectores. Muchas tribus de cazadores-recolectores tenían como hogar las llanuras de Sudamérica, como la sección noreste de Brasil y las praderas de Argentina. Las llanuras argentinas se llaman Pampas y reciben su nombre del pueblo pampeano que vivía en la región.

Otros, sin embargo, vivían en zonas densamente boscosas, donde arraigaron la caza y la recolección, así como cierta agricultura de subsistencia. Estos cultivadores solían utilizar una técnica de roza y quema que les hacía desplazarse de un lugar a otro, lo que los convertía en seminómadas. Es decir, podían montar rápidamente las estructuras básicas de la aldea, pero con la misma rapidez las desmontaban y trasladaban toda la aldea a otro lugar más fértil. Las tribus de Norteamérica que habitan en tipis son un ejemplo similar, ya que el tipi era una forma móvil de vivienda que podía enrollarse y trasladarse a cualquier lugar, como una tienda de campaña. Uno de los pueblos seminómadas más frecuentes de América Latina tiene, irónicamente, un nombre que suena a tipi: los tupis. Los tupis eran un grupo seminómada brasileño que vivía en las zonas boscosas de Brasil. La vida de los tupis era móvil pero estratificada, con grupos tribales específicos y roles de género designados.

Los que eran totalmente sedentarios y permanecían en el mismo lugar durante un largo periodo de tiempo forjaban ciudades populosas y, finalmente, imperios. Muchas de estas civilizaciones se establecieron a la intemperie, a menudo en extensiones elevadas de tierra rodeadas de una fuente fácil de agricultura.

Los aztecas rodearon Tenochtitlan, su capital, con plataformas especialmente construidas para cultivar sus productos. Otra gran civilización prelatina, el Imperio inca, utilizaba complejas laderas en terrazas como plataformas y enriquecía sus cosechas con una irrigación intencionada, así como con un ingenioso uso del guano. El guano es esencialmente excremento de pájaros y murciélagos, y aunque suene asqueroso, el rico nitrato de estos excrementos es un fertilizante perfecto y permite el crecimiento abundante de los cultivos.

Estas fuentes fiables de alimentos cultivados permitieron la construcción de elaboradas ciudades con grandes poblaciones urbanas. Con los alimentos asegurados, sus habitantes pudieron centrarse en algo más que en encontrar cosas para comer. Fueron capaces de producir culturas complejas, religiones y sistemas de comunicación. Pero no hay que olvidar que fue esta consolidación de los recursos lo que también condujo al desarrollo de la guerra.

Es un tema bastante común en la civilización humana que tan pronto como se desarrolla una ciudad-estado, también se desarrolla un medio para defender e incluso guardar celosamente los recursos de esa ciudad. Un grupo de personas seminómadas en la selva podría tener un pequeño grupo de miembros fuertes de la tribu que actuaran como vigías, pero una ciudad compleja, por otro lado, inevitablemente produciría un ejército permanente para defender a la gente de esa ciudad. Estas ciudades prelatinoamericanas también se diferenciaban de los pueblos no sedentarios y seminómadas por el desarrollo de distintas clases de habitantes.

Estas sociedades complejas solían estar gobernadas por un rey y sus consejeros. Los forrajeadores no suelen tener tiempo para tales distinciones; quien recoge suficientes raíces y caza es considerado un miembro exitoso de la sociedad. Pero las civilizaciones sedentarias complejas solían desarrollar una nobleza hereditaria. La familia del rey y otros asociados relacionados estaban en la cima, luego quizás otra clase calificada o dos por debajo de ellos, y luego los campesinos trabajadores, que residían en la parte inferior de la estructura social.

Estas características eran comunes en las tres grandes civilizaciones prelatinoamericanas de los mayas, aztecas e incas. Todas estas civilizaciones tenían estructuras de clase diferenciadas, así como un ejército permanente. Sin embargo, hay que tener en cuenta que, aunque nos refiramos a civilizaciones como la inca o la azteca, estos términos no siempre se refieren a los habitantes reales.

Por ejemplo, cuando los españoles llegaron y se enfrentaron a los aztecas, los habitantes del Imperio azteca se referían a sí mismos como los «mexicas».

Como se puede imaginar, la región de México recibió su nombre de los mexicas. Los mexicas llegaron a la región y construyeron la avanzada ciudad de Tenochtitlan en medio de un lago. Los mexicas estaban muy acostumbrados a la guerra, y tener una ciudad en medio de un lago tenía sus evidentes ventajas estratégicas. Pero la tierra que los mexicas habían llegado a dominar había sido ocupada por otros grupos humanos durante varios siglos.

Basta con echar un vistazo a la pieza central del Imperio azteca, la Pirámide del Sol, para darse cuenta de que los mexicas eran unos recién llegados a la escena. La Pirámide del Sol se estableció muchas generaciones antes de que los mexicas se convirtieran en la fuerza dominante de la región. Los mexicas eran dominantes a principios del siglo XIV, pero eran un pueblo entre muchos otros que hablaban la lengua de la civilización azteca, el náhuatl.

Durante el siglo XIV, los mexicas alcanzaron la fama gracias a la guerra militar. Vencieron a sus rivales y se establecieron como gobernantes de lo que hoy llamaríamos el centro de México. Entonces establecieron Tenochtitlan como su fortaleza impenetrable. Por desgracia para ellos, los conquistadores españoles, que llegarían en el siglo XVI, encontrarían nuevas y tortuosas formas de arrasar su civilización.

Más al sur, otra gran civilización, el Imperio inca, había alcanzado la prominencia. Su centro estaba en el valle andino del actual Perú, en su gran capital, Cuzco. El término «Cuzco» se traduce aproximadamente como «el ombligo del universo». Sí, los incas habían llegado a considerar su propia y poderosa capital imperial como el centro del mundo entero. Esto es obviamente una declaración fastuosa. Pero como los incas eran la potencia indiscutible de la región, en la que otros pueblos circundantes eran en gran medida nómadas o seminómadas, para ellos y la mayoría de sus vecinos inmediatos, esta afirmación era cierta.

No fue hasta que los conquistadores europeos aparecieron aparentemente de la nada que este orden mundial de los incas se vería amenazado. Para los aztecas, los incas y otras civilizaciones prelatinoamericanas, la llegada de los exploradores españoles y portugueses fue tan impactante que equivalió a una invasión extraterrestre. A continuación, cubriremos la saga de los conquistadores, los conquistados y la fusión de estas dos civilizaciones en lo que se conocería como América Latina.

Ubicación de América Latina en el mapa
Muago, CC BY-SA 3.0 https://creativecommons.org/licenses/by-sa/3.0/ vía Wikimedia Commons; https://commons.wikimedia.org/wiki/File:Latin_America_and_the_Caribbean_(orthographic_projection).svg

Capítulo 1 - El primer contacto: La Europa latina se encuentra con América

En 1492, Cristóbal Colón tenía la misión, por encargo de España, de encontrar una ruta marítima hacia la India. Esto se consideraba un asunto de suma importancia, ya que las rutas terrestres habían quedado en gran medida cortadas para los europeos desde la caída de Constantinopla (la actual Estambul) en 1453. Constantinopla había sido la sede del Imperio bizantino y había servido durante mucho tiempo como un importante centro comercial entre Oriente y Occidente.

En 1453, los turcos otomanos lanzaron una gran ofensiva que derribó Constantinopla. La antigua capital del Imperio bizantino se perdió, y con ella, Europa perdió su conexión con las rutas comerciales hacia Oriente. Durante las siguientes décadas, los comerciantes europeos se vieron obligados a pasar por los turcos como intermediarios. Estos cobraban precios ridículamente elevados por los productos más demandados, como las especias exóticas.

Mientras tanto, en la península ibérica, que acababa de salir de una sangrienta Reconquista para hacer retroceder el avance musulmán en Iberia, la población consideraba de vital importancia recuperar el acceso sin restricciones a los mercados orientales. Así, mientras Cristóbal Colón colaboraba con España para navegar hacia el oeste en busca de la India, los portugueses encargaban a flotas que navegaran alrededor de la punta de África (también conocida como el cabo de Buena Esperanza) con la esperanza de poder llegar también a la India.

En lo que respecta a Cristóbal Colón, su viaje se vio bruscamente interrumpido por una masa de tierra desconocida en el Caribe. Colón y su tripulación salieron de España en agosto de 1492 y desembarcaron en algún lugar de las Bahamas en octubre. Allí se encontraron con un pueblo hasta entonces precolombino llamado Taíno. Como quizá ya sepa, Colón creía que había desembarcado en alguna parte de la India, por lo que es famoso que llamara a los lugareños «indios». Todos los pueblos indígenas de las Américas pasarían a llamarse «indios», aunque obviamente no fueran de la India.

En cualquier caso, representantes de los taínos saludaron a Colón y a su tripulación e incluso les ayudaron a explorar las islas. El 27 de octubre de 1492, los taínos ayudaron a Colón a llegar a la mayor de las islas del Caribe, la masa de tierra que hoy llamamos Cuba.

En ese momento, los taínos se mostraron amistosos con los exploradores europeos e incluso los consideraron un aliado potencial contra otra tribu local: los caribes (o los kalinago). Antes de la llegada de Colón, los caribes habían cazado y acosado sin piedad a los taínos, y no tardaron en volcar su agresividad sobre Colón y sus compañeros exploradores. Al principio, Colón y su compañía justificaron sus propias tácticas agresivas —incluida la esclavización— utilizadas contra los lugareños como consecuencia de los actos agresivos de los caribes. Pero una vez que Colón empezó a esclavizar a los amistosos taínos, quedó claro que cualquier razonamiento previo era solo una excusa conveniente. El Caribe acabaría recibiendo su nombre de los caribes.

Aunque ahora sabemos que estos encuentros tuvieron lugar en las Américas, hay que subrayar de nuevo que Colón no tenía ni idea de dónde estaba. En un momento dado, llegó a pensar que había desembarcado en China. Tras detenerse en Cuba, Colón dirigió su barco hacia el sur y terminó en Haití y luego en lo que hoy llamamos República Dominicana. Finalmente, llegó a La Española.

En el transcurso de esta expedición, uno de sus tres barcos, la *Santa María*, quedó inutilizado y atascado en tierra. El barco tuvo que ser abandonado, pero Colón continuó su exploración con las dos naves restantes. En La Española, tuvo la satisfacción de encontrar oro. Los taínos se dieron cuenta de que Colón había encontrado algo que le gustaba y le aseguraron que podrían conseguir más oro más adentro.

Cabe destacar que la comunicación entre ambas partes había progresado lo suficiente en este punto como para que se produjera un diálogo rudimentario. Al principio, las señales de mano eran el principal medio de comunicación, pero los lingüistas más hábiles de la tripulación de Colón acabaron por descifrar lo suficiente de las lenguas locales como para hacer preguntas generales a los lugareños.

En cualquier caso, Colón consiguió una cantidad suficiente de oro —al menos la suficiente para que los reyes de España dejaran de molestarlo— y regresó a su barco. Dejó atrás a unos cuarenta hombres y se llevó a algunos lugareños.

Por extraño que parezca, la toma de los llamados «rehenes» era bastante común en esta época. Colón debió de creer que el hecho de tener lugareños a bordo de su propia embarcación ayudaría a garantizar la seguridad de los hombres que dejaba atrás. También quería utilizar a los que había tomado como embajadores. Sin embargo, no está claro hasta qué punto sus embajadores estaban dispuestos a hacerlo. Y, de hecho, la mayoría de los académicos de hoy en día estarían de acuerdo en que el transporte forzoso de estos taínos no era más que una esclavitud.

En cualquier caso, una vez que el rey y la reina de España vieron el oro y los taínos que Colón había traído consigo, les picó la curiosidad. Sabían que había que enviar más misiones para explorar esta parte del mundo. Cabe destacar que Colón aún no tenía idea de lo que había descubierto. Seguía pensando que había desembarcado en algún lugar cercano a la India. No obstante, se encargó el siguiente viaje y Colón zarpó de nuevo en el que sería su segundo gran viaje al Nuevo Mundo, el 25 de septiembre de 1493.

Con él iban unos 1.500 colonos, que estaban decididos a forjarse una nueva vida en esta nueva y extraña tierra, aunque, en ese momento, nadie sabía exactamente qué era esa tierra. Nadie se daba cuenta de que el pequeño asentamiento insular al que se dirigían estaba en la periferia de los vastos continentes americanos.

A su regreso a La Española, Colón se horrorizó al comprobar que la fortaleza establecida por los miembros de la tripulación que había dejado atrás había sido demolida, y los hombres habían desaparecido. No obstante, Colón se instaló y comenzó a realizar más exploraciones. Él y su equipo de exploradores/colonos se dirigieron a la sección más nororiental de La Española, donde sentaron las bases de un nuevo asentamiento, con una plaza central rodeada de viviendas improvisadas. Llamaron a su nuevo asentamiento La Isabela en honor a su reina.

Sin embargo, el nuevo asentamiento de La Isabela no funcionó del todo bien. Después de que un brote de enfermedades dejara a muchos enfermos y a otros muertos, el grupo acabó trasladándose más al sur. Abandonaron La Isabela y establecieron un nuevo asentamiento, que resultaría mucho más duradero. El asentamiento de Santo Domingo se fundó en 1496, y sigue siendo la ciudad más antigua fundada por europeos en América.

Sin embargo, en ese momento, Colón tenía problemas más inmediatos en su mente que lo que sería su legado histórico definitivo. Colón seguía teniendo la impresión de que el nuevo puesto de avanzada que había fundado estaba en algún lugar cercano a la India. Sin embargo, el continente indio y todas sus abundantes riquezas seguían resultando esquivos. Como sus expediciones costaban mucho dinero, Colón necesitaba desesperadamente llenar sus arcas.

El descubrimiento de algunos yacimientos de oro cerca de Santo Domingo le dio esperanzas. Sin embargo, la promesa del oro también lo hizo convertirse en un tirano abusivo. Colón se convirtió en un duro capataz de los indígenas locales, esclavizándolos y obligándolos a buscar oro para él. Algunos miembros de la tripulación de Colón regresaron a España e informaron de lo que ocurría en La Española, quejándose del comportamiento abusivo de Colón.

Es un triste testamento para Cristóbal Colón, pero al parecer decidió aprovecharse de la amabilidad y hospitalidad que los taínos le habían mostrado. Al fin y al cabo, les devolvió su amabilidad con trabajos forzados. Por ejemplo, obligó a todos los taínos mayores de catorce años a buscar oro. Se los enviaba con una sartén en la mano para ver qué polvo de oro podían recoger de los ríos cercanos. Y si fracasaban en su búsqueda y volvían con las manos vacías, a menudo les cortaban las manos. La cruedad infligida a los taínos es indescriptible.

Aunque no hay justificación para las acciones de Colón, y nadie debería intentar ser su apologista, hay que señalar que estaba bajo una inmensa presión de la corona española para encontrar un medio de beneficio de las tierras que exploraba. La corona española financiaba su viaje, por lo que a Colón le correspondía pagar a sus benefactores y animarlos a financiar futuras empresas.

Esta necesidad de dinero en efectivo fue lo que llevó a Colón a profundizar en la búsqueda de oro y otras riquezas en el Caribe. Lamentablemente, debido a las enfermedades, el exceso de trabajo y la crueldad, casi toda la población taína sería diezmada. Los únicos supervivientes fueron los que huyeron a las regiones más remotas de las islas y vivieron como verdaderos refugiados en su propia patria.

Colón zarpó hacia España en la primavera de 1496. Llegó ese verano, y no pudo reunir los recursos para otro viaje hasta mayo de 1498. Unos meses más tarde, el 31 de julio, Colón tocó tierra en Trinidad. Luego navegó hacia el suroeste y terminó en lo que hoy es Venezuela. Aunque Colón había tocado tierra en Sudamérica, seguía creyendo que estaba en algún lugar de Asia.

Colón entró en conflicto con la corona española cuando un comisario nombrado por la realeza, llamado Francisco de Bobadilla, llegó a Santo Domingo en el verano de 1500. El comisario había oído las quejas sobre Colón y estaba decidido a investigar por sí mismo los estilos de liderazgo de Cristóbal Colón en la isla.

Al parecer, no le gustó lo que vio. En poco tiempo, encadenó a Colón y lo llevó a España para que respondiera por su supuesta mala administración. Colón, que ya había demostrado su propensión a abusar de los taínos, empleaba ahora tácticas igualmente crueles con los colonos españoles. Sus propios compañeros lo compararon con un dictador despiadado debido a los castigos que Colón imponía a quienes consideraba que habían cometido diversas infracciones.

Bajo la mano de hierro de Cristóbal Colón, era supuestamente bastante común que a los colonos se les cortara la nariz y las orejas por las ofensas más arbitrarias. Para las pocas mujeres colonas del Caribe, Colón no fue menos brutal. Según un relato, se escuchó a una española sugerir que Colón era de «baja cuna». Como cualquier dictador, Colón se enfureció al ver que alguien se atrevía a cuestionar su posición y su derecho divino a gobernar. En cuanto se enteró del chisme, capturó a la mujer, le arrancó la ropa y la paseó por la colonia a lomos de una mula.

Colón gobernaba con mano de hierro, y sus castigos contra lo que consideraba algo fuera de lugar eran escandalosos y extremos. Por muy malo y dramático que parezca todo esto, los cargos contra Colón no prosperaron. Y en 1502, se permitió a Colón embarcarse en el que sería su cuarto viaje a las Américas.

Vale la pena señalar una vez más, para que no lo olvidemos, que aunque lo llamemos su cuarto viaje a las Américas, Colón no lo sabía en ese momento. Sí, por mucho que se atribuya a Colón el «descubrimiento» de las Américas, no tenía ni idea de lo que había descubierto. (Cabe señalar que Colón no descubrió las Américas. Leif Erikson había descubierto América del Norte mucho antes de que naciera Colón. Además, muchos grupos indígenas diferentes llamaban a las Américas su hogar). Colón pensó que había trazado una nueva ruta occidental hacia Asia, y esto fue algo en lo que creería hasta el día de su muerte, el 20 de mayo de 1506.

Mientras todo esto se resolvía, los portugueses descubrieron aún más territorio en las Américas en el año 1500. Los portugueses habían estado perfeccionando su nueva ruta a la India, que implicaba circunnavegar la punta de África. El explorador portugués Bartolomeu Dias rodeó por primera vez el cabo de Buena Esperanza en 1488. Su tripulación estaba demasiado agotada para continuar y regresó poco después. No fue hasta 1497 cuando otro explorador portugués, Vasco da Gama, rodeó la punta de África y luego navegó por el océano Índico hasta la propia India.

Los portugueses habían aprendido un truco especial para evitar ser zarandeados por los turbulentos y tormentosos mares cercanos al cabo de Buena Esperanza. Descubrieron que si enviaban sus barcos al oeste de África, podían aprovechar las poderosas corrientes que los lanzaban a una velocidad mucho mayor y les permitían evitar gran parte de los mares tormentosos, enviándolos directamente al cabo. Los portugueses habían descubierto la corriente oceánica que ahora los marineros llaman comúnmente «vientos del oeste».

En 1500, otro explorador portugués, Pedro Álvares Cabral, intentaba aprovechar esta misma corriente cuando, sin darse cuenta, se alejó demasiado hacia el oeste. Para su sorpresa, divisó el litoral de una costa desconocida y tocó tierra. Esa costa desconocida era parte del actual Brasil. Pedro se había alejado tanto del oeste de África que, por accidente, había llegado hasta Sudamérica. En esta tierra, que era completamente misteriosa y desconocida para estos exploradores portugueses, encontraron una abundancia de palo de tinte rojo. En portugués, se denomina comúnmente *pau-brasil*, pero también se conoce como paubrasilia. Fue de este tipo de madera que el país que hoy conocemos como Brasil acabaría recibiendo su nombre.

Pedro y tripulación no tardaron en darse cuenta de que esta tierra ya estaba habitada. Los primeros encuentros con los lugareños fueron registrados en los anales del barco por un tal Pêro Vaz de Caminha. Pêro habló de los lugareños diciendo: «Me parecen personas de tal inocencia que, si pudiéramos entenderlos y ellos a nosotros, pronto se harían cristianos, porque no parecen tener ni entender ninguna forma de religión. Porque es cierto que este pueblo es [sic] bueno y de pura sencillez, y se le puede imprimir fácilmente cualquier creencia que queramos darle».

Las palabras demuestran tanto los prejuicios como los motivos de los portugueses de la época. En el mundo en el que vivían los portugueses, la religión lo era todo. Y enseguida sintieron que era su prioridad —incluso su obligación— transmitir su religión y su visión del mundo a quienes encontraban. La península ibérica acababa de ser recuperada durante la Reconquista, que enfrentó a las fuerzas cristianas con los poderes musulmanes que se habían infiltrado y casi se habían apoderado de toda Iberia en los siglos anteriores. El hecho de que los cristianos expulsaran a los musulmanes de la región tuvo como consecuencia que España y Portugal se volvieran mucho más militantes en materia de religión. Teniendo esto en cuenta, no es de extrañar que dieran tanto valor a la conversión de nuevos pueblos en nuevas tierras. Para ellos, la lucha contra el islam seguía siendo una constante, y la conversión del mayor número posible de personas al cristianismo formaba parte de esa lucha.

En cualquier caso, el cronista quedó impresionado por el carácter amable y hospitalario de los habitantes, que probablemente eran miembros de la tribu tupinambá (también llamada pueblo tupí). Se dice que los tupíes vivían a lo largo de la costa del actual Brasil y que contaban con alrededor de un millón de personas. A primera vista, los tupis no parecían muy agresivos. Pero también se asombraba de que no tuvieran ninguna inhibición a la hora de ir sin ropa. Según el cronista, «van desnudos, sin ningún tipo de cobertura. No se preocupan más por mostrar sus partes íntimas que sus rostros».

Para los portugueses, los lugareños parecían estar en una especie de estado inocente y totalmente despreocupado, como Adán y Eva, paseando libremente por el Jardín del Edén. Estaba claro que los lugareños no representaban ninguna amenaza. Aun así, parece que los tupis tenían un lado oscuro. Se dice que cuando estallaba una guerra entre tribus, los prisioneros de guerra eran sometidos a un canibalismo ritual. Incluso hoy en día, algunas tribus tupíes tienen como práctica cultural comer ritualmente partes de sus seres queridos fallecidos, aparentemente como forma de honrar a los muertos.

Cualquiera que sea la razón por la que algunos tupis se dedican al canibalismo, ciertamente no era por falta de comida. El cronista continúa hablando de la abundancia de alimentos que había en esta tierra extraña, aunque algunos de ellos fueran totalmente irreconocibles. El registro oficial habla de que la tripulación cazó y comió una criatura marina desconocida hasta entonces. La describieron como «grande como un barril [con] una cabeza como la de un cerdo y ojos pequeños, además no tenía dientes y tenía orejas del largo de un brazo».

Esto podría parecer una especie de mito medieval, pero lo que los portugueses se esforzaban por describir era su encuentro con un manatí. Al parecer, pescaron un manatí grande y con cuerpo de barril, con su cabecita parecida a la de un cerdo, y no supieron qué hacer con él. Sin embargo, estos hambrientos marineros no tuvieron ningún miedo de trocearlo, cocinarlo y comerlo.

Después de darse un festín con un manatí, se decidió que un barco de la flota debía volver a Portugal para avisar al rey portugués de lo que habían encontrado. El resto de los barcos se prepararon para partir y continuar con el objetivo principal de su misión: circunnavegar África y llegar a la India. Antes de partir, la tripulación decidió dejar a dos hombres en Brasil.

Esta era una costumbre bastante curiosa de la época; como se ha señalado anteriormente, Cristóbal Colón hizo lo mismo en el Caribe cuando dejó atrás a varios de sus propios marineros. No está claro si los dos náufragos iban a servir de embajadores o de primeros colonos portugueses, pero al parecer fueron dejados contra su voluntad. El registro indica que los hombres eran «convictos».

Era una práctica común en las embarcaciones marítimas el uso de mano de obra forzada de convictos, por lo que estos hombres eran probablemente prisioneros portugueses que habían sido condenados previamente por crímenes y a los que se les permitió salir de la cárcel para servir como miembros de la tripulación. Como eran convictos, es probable que no tuvieran mucha voz en el asunto. Y el cronista afirma que, aunque obedecieron, estaban bastante alterados. Pêro afirma: «Comenzaron a llorar y los hombres de la tierra los consolaron y mostraron que se compadecían de ellos». Probablemente, la población local de Tupinambá estaba igual de desconcertada por el hecho de que estos marineros portugueses fueran desechados. Pero, al parecer, hicieron todo lo posible para que los desechados se sintieran como en casa mientras sus compatriotas se alejaban.

Aunque los portugueses, al igual que sus homólogos españoles, no estaban del todo seguros de lo que habían descubierto, al año siguiente (1501) harían otro viaje para comprobar las costas de Brasil. Pero en la primera mitad del siglo XVI, Brasil quedaría en un segundo plano, ya que la obtención de un puesto de avanzada en la India seguía siendo la principal prioridad de Portugal. La India ofrecía riquezas inmediatas en el comercio de especias, mientras que Brasil parecía inicialmente de muy poca importancia estratégica. Posiblemente podrían ganar algo de dinero abasteciéndose de madera de Brasil, pero aparte de eso, las expediciones a gran escala no parecían todavía una perspectiva atractiva.

Por ello, los tupinambá se quedaron solos durante este primer capítulo del descubrimiento europeo en América. Siguieron dominando la costa y, debido a su gran número, pudieron contener a otras tribus competidoras. También hubo batallas periódicas entre los propios tupis.

El experto tupí Ian Heath explica: «El término "tupí" engloba en realidad a numerosas tribus relacionadas. Cuando los españoles y portugueses tuvieron el primer contacto con esta tribu, ya habían invadido la mayor parte de la costa brasileña. Cada tribu constaba de muchas aldeas empalizadas que estaban formadas por entre cuatro y ocho casas comunales. Cada una de estas casas comunales podía albergar hasta 30 familias. Podían disponer de ejércitos que rondaban los 20.000 hombres. Las guerras intertribales eran constantes. Este conflicto proporcionaba víctimas para sus rituales de sacrificio y canibalismo».

Los portugueses y los tupis comerciaban a pequeña escala, lo que resultaba beneficioso para ambas partes. Los tupis se dieron cuenta de que la paubrasilia era valiosa para los exploradores, así que empezaron a talar árboles y a cortar la madera antes de transportarla por vías fluviales que los llevarían hasta los comerciantes portugueses. Entonces cambiaban la madera por herramientas de metal, como cuchillos y hachas de acero. Y, como se puede imaginar, el hecho de tener herramientas más productivas hacía que se extrajera más paubrasilia, con lo que el ciclo se repetía aún más.

Como se ha mencionado, muchos de estos primeros exploradores portugueses admiraban realmente a los tupinambá. Algunos incluso los admiraban tanto que se fueron a vivir con ellos. Abandonaron todos sus derechos como ciudadanos portugueses para unirse a los tupis. Estos hombres se asociaron con mujeres tupis y formaron sus propias familias en la comunidad tupi. Al parecer, estaban lo suficientemente contentos como para desprenderse de los atavíos de su anterior civilización para vivir el estilo de vida tupí. Estos relatos indican el inicio del gran crisol de culturas en el que se convertiría Brasil.

Como ya se ha dicho, Brasil seguiría siendo un oscuro proyecto secundario en el gran esquema de las cosas para los portugueses durante las primeras décadas después de su descubrimiento. Curiosamente, los portugueses no se interesaron más por la región hasta la década de 1530, cuando los franceses (el tercer país latino que avanzó en América) empezaron a explorar la costa brasileña. Alarmada por la posibilidad de que los franceses intentaran apoderarse del territorio antes de que Portugal pudiera echar raíces, la corona portuguesa consideró necesario que se iniciara una etapa de colonización más proactiva.

Esto cambió por completo la dinámica de Brasil. En lugar de limitarse a pasar ocasionalmente y comerciar con los habitantes, se decidió que los colonos tendrían que desbrozar extensiones enteras de tierra y cultivar productos rentables, como la caña de azúcar. La caña de azúcar se cultivaría de forma sistemática mediante un proceso altamente ajustado. Se desbrozaba la tierra, se cultivaba y, una vez cosechada, se transformaba en grandes bloques de azúcar que podían transportarse fácilmente en cajas en los cascos de los barcos de carga.

La caña de azúcar no se podía cultivar en Europa, por lo que era una empresa rentable para los portugueses. Podían producir grandes cantidades en Brasil y luego obtener grandes beneficios en los mercados de Europa. Sin embargo, esto era una mala noticia para los tupis, ya que era su mano de obra la que los portugueses deseaban para hacer funcionar sus plantaciones de caña de azúcar.

Aunque a veces se compensaba a los tupis por su trabajo, los portugueses solían esclavizarlos. Se ha dicho que el rey de Portugal se horrorizó ante estos hechos, pero no pudo controlar eficazmente lo que ocurría en Brasil. Tal cosa puede parecer una excusa, pero aparentemente que hay algo de verdad en ello. Durante este periodo, leemos una y otra vez cómo los monarcas frustrados se horrorizaban ante los abusos cometidos por los líderes de las expediciones coloniales.

El propio Cristóbal Colón fue devuelto a España encadenado tras conocerse que maltrataba a los lugareños y abusaba de sus propios hombres. El rey de España también alegaría posteriormente su ignorancia sobre la brutalidad desatada por los infames conquistadores que asediaron los imperios azteca e inca. (Trataremos la trágica caída de estos dos imperios más a fondo en los próximos capítulos). Así pues, parece que a menudo existía una gran desconexión entre los monarcas europeos y sus exploradores en el Nuevo Mundo de América.

Teniendo en cuenta la duración del viaje y la falta de capacidad de los potentados europeos para dar órdenes inmediatas a sus exploradores díscolos, no cabe duda de que la posibilidad de que los exploradores europeos se descontrolaran era bastante grande. Podían hacer algo terriblemente malo y no ser reprendidos por ello hasta seis meses después. Este era el estado de las cosas cuando el Viejo Mundo se encontró con el Nuevo por primera vez.

Capítulo 2 - Los conquistadores y el destino de los aztecas

Mientras los portugueses echaban raíces permanentes en Brasil a principios del siglo XVI, los exploradores españoles hacían grandes incursiones en el Caribe. Se había llegado a las islas de las Antillas Mayores, Jamaica y Puerto Rico. En 1508 se había circunnavegado toda Cuba y en 1514 se estableció la ciudad de Santiago como capital. Santiago se convirtió en una bulliciosa ciudad portuaria, ya que era fácilmente accesible desde la cercana Santo Domingo, en La Española.

Al año siguiente, se estableció otro bullicioso centro de actividad cubano con la fundación de La Habana en 1515. Los españoles también habían comenzado a tocar tierra firme, llegando a México, Centroamérica y Sudamérica. Pero, a diferencia de los portugueses, que se encontraron con tribus seminómadas que iban y venían por el desierto, los exploradores españoles de tierra firme se encontrarían con civilizaciones masivas y complejas, concretamente los imperios azteca e inca.

Mucho antes de la llegada de los europeos, el Imperio azteca, situado en México, y el Imperio inca, enclavado en los confines del actual Perú, eran las regiones más ricas y densamente pobladas de la América prelatina. También contaban con los ejércitos más formidables. Como se ha mencionado anteriormente en este libro, el requisito previo para tener una ciudad compleja y bulliciosa con muchos recursos es la necesidad de un ejército permanente. Y tanto los aztecas como los incas tenían grandes ejércitos capaces de acabar con sus enemigos. De lo contrario, no habrían podido llegar a la cima en la América prelatina.

Pero mientras que los aztecas y los incas eran bastante buenos en la guerra contra otras tribus indígenas, estaban completamente perdidos a la hora de enfrentarse a los invasores españoles. Tradicionalmente, la explicación común de por qué unos pocos cientos de tropas españolas fueron capaces de derrotar a los ejércitos aztecas e incas, que se contaban por decenas de miles, ha sido simplemente que los españoles tenían armas y caballos. Estas eran dos cosas que los aztecas e incas no tenían en su poder.

Pero aunque las armas y los caballos ciertamente dieron una ventaja a los invasores españoles, su capacidad para vencer rápidamente a los aztecas e incas fue mucho más complicada que eso. En 1519, un grupo de conquistadores españoles abandonó los puestos coloniales del Caribe y tocó tierra en México. Antes de su infiltración en tierra firme, los españoles llevaban varios años cultivando puestos de avanzada en el Caribe. Los primeros encuentros entre los europeos latinos y los nativos del Caribe fueron muy similares a las experiencias de los portugueses en Brasil. Los nativos del Caribe eran seminómadas y opusieron muy poca resistencia a los españoles.

Sin embargo, cuando los españoles desembarcaron en México, se encontraron con una civilización firmemente asentada que tuvo que ser tomada por la fuerza. O tal vez la palabra más adecuada sería por la farsa, porque el líder de los conquistadores españoles —Hernán Cortés— realizó una increíble farsa contra el líder azteca, Moctezuma.

El complot de Cortés para acabar con Moctezuma comenzó poco después de desembarcar en la península de Yucatán y entrar en contacto con Gerónimo de Aguilar, un español varado. Gerónimo de Aguilar era un sacerdote que había naufragado en Yucatán en 1512. Él y otras diecisiete personas sobrevivieron al naufragio y consiguieron llegar a un asentamiento maya.

En ese momento, los días de gloria de la civilización maya ya habían pasado. Los mayas alcanzaron su máximo esplendor en torno al año 1000 de la era cristiana, pero abandonaron misteriosamente sus grandes ciudades y entraron en decadencia. Son más conocidos por sus desarrollos en astronomía, escritura, matemáticas y sistema de calendario. Su precipitado declive, que se produjo unos quinientos años antes del contacto con los europeos, sigue siendo en gran medida un misterio. En cualquier caso, cuando los supervivientes de los naufragios españoles entraron en contacto con los descendientes de esta civilización, que en su día fue grande, eran una mera sombra de lo que habían sido. En lugar de grandes ciudades, vivían en pequeñas y sencillas aldeas, y todas sus anteriores riquezas mundanas eran ya cosa del pasado.

Las reacciones de los descendientes mayas ante los españoles son realmente curiosas. A diferencia de los aztecas y los incas, que parecían sorprendidos e intrigados por los recién llegados, los mayas actuaron de inmediato y con decisión cuando se encontraron con los europeos. Parece que intuyeron que estos exploradores eran una amenaza potencial. Y en lugar de intentar hacer las paces con ellos, como harían los aztecas y los incas, los mayas apresaron a los náufragos, asegurándose de que ninguno de ellos escapara. Mataron a todos menos a dos de ellos.

Los hombres asesinados no tuvieron una muerte fácil, ya que los mataron en un sacrificio humano ritual. En cualquier caso, Gerónimo y su compañero de barco, cuyo nombre ha llegado hasta nosotros como «Guerrero», consiguieron sobrevivir a la prueba. Fueron esclavizados por sus captores y obligados a realizar tareas serviles. Cuando el sacerdote Gerónimo de Aguilar vio que Cortés y su tripulación anclaban en el Yucatán, corrió hacia sus compatriotas y logró escapar.

Gerónimo había conseguido aprender la lengua maya durante su esclavitud, y Cortés se dio cuenta de lo útil que era esta herramienta, ya que podía establecer más fácilmente la comunicación con los lugareños. Poco después, los españoles se dirigieron a la costa de Tabasco, donde tuvieron una escaramuza con algunos lugareños. Después de que los españoles soltaran sus cañones, sus adversarios decidieron pedir la paz. Como parte de sus gestos pacíficos, trajeron varios regalos para Cortés y su tripulación. Entre estos «regalos» había veinte mujeres indígenas de otras tribus que habían sido esclavizadas por los mayas. Una de estas mujeres era una adolescente brillante y curiosa a la que Cortés llamaría más tarde «doña Marina». Marina era en realidad de origen azteca, por lo que dominaba tanto la lengua maya como la azteca (náhuatl).

Rápidamente se convirtió en la traductora, espía y compañera íntima de Cortés. Pronto demostraría ser otro eslabón crucial en la cadena de acontecimientos que permitiría a Cortés acabar con el Imperio azteca. Se sabía que si se hablaba un mensaje en español al sacerdote Aguilar, este podía interpretarlo en maya a doña Marina, y ella podía, a su vez, interpretar el mismo mensaje en la lengua azteca del náhuatl. Era un medio de comunicación bastante torpe y engorroso, pero permitiría a Cortés introducirse directamente en los asuntos aztecas.

No se sabe mucho sobre los primeros años de vida de doña Marina, pero se cree que fue secuestrada a una edad temprana por una tribu local de mayas y obligada a una vida de servidumbre. Aunque los mayas formaban parte de una gran civilización, cuando llegaron los españoles, sus grandes ciudades habían sido abandonadas. Por lo tanto, parece que doña Marina ya estaba en un estado lamentable incluso antes de conocer a los españoles. Tras ser entregada a los españoles, doña Marina fue puesta inicialmente a cargo de Alonso Hernández Portocarrero. Cuando Cortés se dio cuenta de su valor como intérprete, la tomó bajo su protección.

En 1519, Cortés fundó un nuevo asentamiento en tierra firme, la ciudad portuaria de Veracruz. Se convertiría en una importante base de operaciones para la eventual conquista de México. Mientras tanto, doña Marina se convirtió rápidamente en una experta en español y resultó muy útil para los españoles a la hora de entender tanto la lengua náhuatl como la cultura de los habitantes de México continental.

Con la ayuda de los conocimientos lingüísticos de doña Marina, se estableció la comunicación con una tribu local llamada totonaca, que era enemiga de los aztecas. Los españoles se dieron cuenta de que tenían la oportunidad de conseguir el apoyo de una tribu local y convencieron a los totonacas para que se convirtieran en sus aliados.

Moctezuma II (también llamado Montezuma), el rey de los aztecas, se enteró de la llegada de Cortés y trató de cortejar a los extranjeros. Al principio, Moctezuma no estaba seguro de cómo responder a los intrusos debido a las profecías aztecas sobre el dios serpiente emplumada Quetzalcóatl, del que se decía que había partido al otro lado del mar y que estaba destinado a regresar algún día. Algunos de los más supersticiosos de su corte ya susurraban que tal vez estos extraños que habían llegado del océano tenían a Quetzalcóatl entre ellos o que al menos eran sus emisarios.

En cualquier caso, parece que Moctezuma quería quedar bien con los visitantes y trató de apaciguar a los forasteros enviándoles regalos de plata, oro, turquesa y telas finas. Sin embargo, en lugar de aplacarlos, estos ricos tesoros no hicieron sino despertar aún más el interés de los españoles. A través de sus traductores, Cortés informó a los portadores de regalos de Moctezuma de su intención de visitar su gran capital, Tenochtitlan, en el corazón del Imperio azteca.

En agosto de 1519, Cortés y compañía se dirigieron al cercano afluente azteca de Tlaxcala. Al principio, los tlaxcaltecas desconfiaron de los españoles y se enfrentaron a ellos. Pero tras establecer comunicación con ellos, los tlaxcaltecas se apartaron y no solo permitieron el paso a los españoles, sino que decidieron unirse a ellos en su conquista del Imperio azteca. Parece que los tlaxcaltecas estaban hartos de lo que percibían como opresión azteca. No solo pagaban una pesada carga económica en los impuestos que pagaban al monarca azteca, sino que también pagaban un alto precio en sangre.

Una parte importante de la religión azteca incluía sacrificios humanos. Se colocaba a la gente en la cima de las grandes pirámides de Tenochtitlan y se los sacrificaba como a animales, con su sangre fluyendo por los escalones de la estructura, todo para apaciguar a las deidades de la religión azteca. El proceso en sí era, sin duda, horrible, y el sacerdote azteca arrancaba el corazón de la víctima, que aún latía, en la horrenda culminación del acto. Aunque los aztecas lograron muchas cosas grandes, como la construcción de impresionantes templos y ciudades, sus sangrientos sacrificios tienden a eclipsar sus logros. Y fueron los tlaxcaltecas los que a menudo se encargaron de proporcionar estos sacrificios humanos suministrando miembros de su propia comunidad.

No es de extrañar que estuvieran cansados de ello. Por eso, cuando Cortés los convenció de que podía derrocar a sus opresores aztecas, los tlaxcaltecas estuvieron dispuestos a subirse al carro. Los españoles contaban ahora con un gran contingente de fuerzas auxiliares nativas mientras marchaban hacia la capital azteca de Tenochtitlan. Su siguiente parada en el camino fue el asentamiento tributario de Cholula.

Aquí, la respuesta fue mucho más compleja. Los cholultecas se sintieron sin duda intimidados por la fuerza española y nativa que se había reunido, por lo que trataron de apaciguarlos. Pero también comenzaron a alertar a las fuerzas aztecas sobre lo que estaba sucediendo. Así que, al mismo tiempo que se mostraban hospitalarios alimentando a los visitantes españoles y dándoles un lugar para descansar, también cavaban trincheras y levantaban barricadas en previsión de una batalla. Una vez que los aztecas fueron alertados de la presencia española, un grupo de guerreros se preparó para lanzar un ataque furtivo contra ellos.

Los españoles fueron finalmente avisados de lo que estaba ocurriendo. Antes de que los aztecas pudieran atacar, los españoles se volvieron contra sus huestes cholultecas, matándolos a todos. Algunas fuentes afirman que fue doña Marina quien descubrió el complot e informó a Cortés, pero nadie sabe realmente lo que ocurrió.

En cualquier caso, en noviembre de 1519, Cortés y sus fuerzas, compuestas por unos seiscientos soldados españoles y cientos de miles de auxiliares nativos, se encontraron a las puertas de Tenochtitlan. Moctezuma los esperaba y dirigió una delegación para recibir a los intrusos a las afueras de la ciudad. Allí, sobre una calzada que conducía a la gran capital azteca, el gran emperador de los aztecas entró en contacto con Cortés, el famoso conquistador.

El propio Cortés recordó más tarde este momento, diciendo: «Moctezuma bajó por la mitad de la calle con dos señores, uno a su derecha y otro a su izquierda». Según algunos relatos, Moctezuma estaba inicialmente convencido de que la llegada de Cortés era nada menos que el cumplimiento de la profecía. Como ya se ha dicho, en la religión azteca se creía que su dios Quetzalcóatl había vivido entre ellos en un pasado lejano antes de alejarse de su entorno, viajando a través de los mares. Se decía que acabaría regresando, pero este regreso supondría el fin de la civilización azteca.

Los aztecas sabían que Cortés y sus tropas habían llegado desde el otro lado de los mares, así que estaban tentados a creer que estos extraños extranjeros eran de alguna manera el cumplimiento de esta antigua profecía. Moctezuma había sido informado de los movimientos de los extranjeros mucho antes de que llegaran a su ciudad. Y a medida que se acercaban, su temor a lo que esta visita de hombres del otro lado del mar podría presagiar no hacía más que aumentar.

Preguntándose conscientemente si se estaba cumpliendo una antigua profecía, Moctezuma dudó. Lo más probable es que hubiera podido enviar una fuerza masiva para expulsar a los españoles tan pronto como desembarcaran en tierra. Pero debido a su incapacidad para decidir cómo manejar a estos recién llegados, les permitió avanzar constantemente hacia el interior hasta que estuvieron a sus puertas.

Con doña Marina actuando como intérprete, los dos hombres pudieron conversar entre sí. Al principio, parecía que Moctezuma quería mostrar su buena voluntad a los españoles e invitó a Cortés y a su séquito a entrar en la ciudad. La conversación continuó, y para mostrar aún más su generosidad, Moctezuma dio a Cortés varios regalos de oro. Cortés escribió que él y sus hombres fueron obsequiados con «joyas de oro y plata, trabajos de pluma y cinco o seis mil piezas de tela de algodón».

Moctezuma intentaba apuntalar la amistad y la buena voluntad con los visitantes, pero el brillo de este oro sin duda despertó la codicia de Cortés. Y cuando se enteró a través de doña Marina que Moctezuma creía que Cortés estaba relacionado de alguna manera con la creencia azteca en el regreso de su deidad Quetzalcóatl, las ruedas comenzaron a girar en la astuta mente de Cortés. Y decidió explotar esta creencia.

Más tarde, Cortés fue invitado al propio palacio de Moctezuma, donde siguió hablando de quién era y por qué había venido. Cortés se describió como el representante de un poderoso monarca de ultramar. El monarca del que hablaba era Carlos V, que era efectivamente un gobernante poderoso. No solo era el rey de España, sino también el emperador del Sacro Imperio Romano Germánico, y gobernaba gran parte de Europa occidental y central.

Como representante de Carlos V, Hernán Cortés explicó que estaba obligado, entre otras cosas, a ilustrar sobre el cristianismo a los nuevos pueblos que encontrara. Moctezuma aceptó pagar un tributo anual a este rey de ultramar siempre que alguien viniera a recogerlo. Moctezuma sabía que los españoles valoraban el oro y esperaba poder comprarlos prometiendo suministrarles regularmente. Sin embargo, no sabía que cuanto más hablara de oro y tributo, más codiciosos y exigentes se volverían Cortés y compañía. Al día siguiente, sus relaciones, hasta entonces cordiales, se volvieron tensas cuando Moctezuma llevó a Hernán Cortés al Gran Templo, en el centro del complejo azteca.

Cuando Hernán Cortés descubrió que la finalidad de este templo era la práctica de sacrificios humanos, exigió que cesara dicha práctica. A pesar de todas sus fanfarronadas, Cortés también tenía miedo. Seguramente temía que su grupo, superado en número, pudiera ser emboscado de repente. Sin duda, se imaginaba a él y a sus compañeros atados en lo alto del templo, con sus corazones arrancados y su sangre corriendo por los escalones.

Cortés recibió pronto la noticia de que las tropas aztecas habían matado a varios de sus hombres que se habían quedado en Veracruz. Temiendo haber caído en una trampa, Cortés decidió actuar. Tras coger a Moctezuma por sorpresa, Cortés consiguió hacerlo prisionero, al menos según el relato posterior del propio Cortés. Algunos historiadores han puesto en duda algunas de las afirmaciones de Hernán Cortés.

En cualquier caso, según la narración tradicional, Cortés solicitó una audiencia con Moctezuma, pero el rey, probablemente intuyendo algo, rechazó la invitación. Cortés y su séquito consiguieron entonces apoderarse de Moctezuma. Los españoles supuestamente trataron bien al monarca y le permitieron seguir gobernando a su pueblo como su marioneta personal. Moctezuma permaneció estoicamente tranquilo y actuó como si nada pasara, incluso mientras sus súbditos aztecas se volvían cada vez más suspicaces.

Cortés abandonó los Salones de Moctezuma poco después para volver a la costa y enfrentarse a una amenaza de naturaleza totalmente diferente. Había recibido la noticia de que sus tropas estacionadas allí estaban siendo asaltadas no por combatientes aztecas, sino por sus propios compatriotas. Este acontecimiento demuestra lo complicados que eran los conquistadores.

Al parecer, las autoridades de la Cuba española habían sido informadas de que Cortés estaba planeando un asalto a la capital azteca y deseaban que cesara y desistiera. Se lanzó una expedición, con el conquistador español Pánfilo de Narváez a la cabeza, para detener a Cortés. Esto fue básicamente una pequeña guerra civil entre facciones españolas que estalló en las costas de México. Dejando a un comandante de confianza —Pedro de Alvarado— a cargo de Tenochtitlan, Cortés tomó un contingente de tropas y se dirigió a la costa.

Narváez tenía el triple de tropas que Cortés, pero el astuto Cortés fue capaz de burlar a Narváez y sacar lo mejor de sus atacantes. Después de derrotar a Narváez, Cortés fue capaz de reclutar a muchas de las tropas de Narváez, prometiéndoles que les esperaban riquezas incalculables si le seguían hasta la capital azteca.

Ahora bien, antes de avanzar en esta narración de la conquista azteca, volvamos a la afirmación de Cortés de que había apresado a Moctezuma con su propia guarnición de tropas antes de abandonar la capital azteca para enfrentarse a Narváez. Existe otra versión de los hechos respecto a Moctezuma que es totalmente diferente. Esta proviene de otro observador español sobre el terreno, que escribió sus ideas sobre lo que supuestamente ocurrió. Las notas de este individuo sin nombre fueron conservadas por un sacerdote español llamado Pietro Martire Giustiniani. Las palabras registradas acabaron imprimiéndose en un boletín con el título «Últimas noticias de la tierra que los españoles descubrieron en el año 1521».

La descripción del destino de Moctezuma dice: «El capitán de los españoles [Hernán Cortés] hizo las paces con el rey de Madozoma, señor de la Gran Venecia [Tenochtitlan], y le pidió que le permitiera a él y a su gente ver la ciudad, y el rey lo prometió, y luego volvió a la ciudad y llamó a sus consejeros sobre él y les dijo que había prometido al cristiano que podía entrar en la ciudad, pero sus hombres respondieron que no permitirían tal cosa, ya que el cristiano capturaría la ciudad si se le permitía entrar en ella, así que encarcelaron al rey para que no pudiera permitir que los cristianos entraran en la ciudad, y entonces el rey dijo a su pueblo que lo mataran, ya que no podía cumplir su palabra, y que hicieran rey a su hijo, y el pueblo hizo lo que su rey le ordenó e hizo rey a su hijo».

Como se puede ver, esta narración es bastante diferente a la presentada por Cortés. En lugar de que Cortés capture a Moctezuma, describe una situación en la que Moctezuma desea hacer concesiones a los españoles solo para enfurecer a su propio pueblo en el proceso. Al darse cuenta de que estaba a punto de ser derrocado, Moctezuma invitó a sus súbditos a matarlo siempre que permitieran a su hijo gobernar en su lugar. De hecho, existe la leyenda de que Moctezuma fue apedreado hasta la muerte por su propio pueblo.

Dado que la fuente real de estos detalles, diligentemente recopilados por Pietro Martire Giustiniani, permanece en el anonimato, el relato es fácil de descartar. Sin embargo, en muchos aspectos, casi parece más creíble que las afirmaciones de Hernán Cortés sobre la captura de Moctezuma. Desde que los intrusos españoles llegaron a las puertas de Tenochtitlan, el rey Moctezuma estaba en un verdadero aprieto. Sabía que los intrusos tenían mejores armas, y tal vez era lo suficientemente astuto como para darse cuenta de que estos eran solo los primeros de muchos invasores que vendrían. No deseaba la guerra con estos extraños pueblos nuevos, pero no podía arriesgarse a alienar a la nobleza azteca en el proceso.

Este oscuro relato parece describir esta dinámica de Moctezuma, atrapado entre la espada y la pared. También es importante para la historia porque este relato es previo al informe oficial de Cortés.

Entonces, ¿qué pasó realmente con Moctezuma? A la vuelta de Cortés con un ejército aún mayor, fueron recibidos con la noticia de que los aztecas se habían levantado contra la guarnición española que Cortés había dejado atrás. Se supone que esto ocurrió durante una celebración religiosa. Según el hombre que Cortés dejó al mando de la guarnición, Pedro de Alvarado, murieron unos cuatrocientos soldados españoles y unos cuantos miles de sus auxiliares indígenas. También se informó de que Moctezuma había muerto, aunque, por supuesto, ninguna fuente parece estar de acuerdo en cómo murió. En cualquier caso, Cortés regresó a Tenochtitlan el 24 de junio de 1520.

Los aztecas comenzaron a lanzar ataques coordinados de emboscada contra las posiciones españolas. Las tropas españolas fueron alcanzadas con hondas y flechas a diestro y siniestro. Pocos días después, Cortés se vio obligado a dirigir una agitada retirada, y él y sus compañeros supervivientes huyeron de la ciudad. Tuvieron que luchar para salir, y varios de ellos fueron abatidos por la espalda cuando los aztecas desgarraron los flancos de la retaguardia de las tropas españolas que huían. El propio Cortés escapó, pero después de todo, el contingente de Cortés se había reducido a un tercio de su número. Hernán Cortés se referiría a los horrores de esa noche como se llama en español, «La Noche Triste».

Cortés y sus compañeros supervivientes acabaron llegando al campamento aliado de los tlaxcaltecas. Allí se les permitió curar sus heridas mientras sus aliados indígenas recibían con aprobación la noticia de los españoles de que su odiado enemigo, Moctezuma, había muerto. Sin embargo, el hermano de Moctezuma, Cuitláhuac, había llegado al poder y estaba totalmente dedicado a la causa de expulsar a los españoles para siempre. Hizo varias propuestas a las tribus locales para que dejaran de albergar a los españoles.

Sin embargo, las tribus locales circundantes ya habían llegado a odiar al gobierno azteca debido a los anteriores impuestos excesivos y a la captura de su gente para sacrificios humanos. Por ello, todas las peticiones del nuevo rey azteca fueron ignoradas. Y Cortés no estaba dispuesto a dejar que su anterior derrota lo disuadiera de la conquista. Al contrario, reunió sus fuerzas y se preparó para lo que pretendía ser el derrocamiento total de la monarquía azteca. Antes, intentaba instalar un gobernante títere; ahora, estaba empeñado en acabar con el liderazgo azteca por completo.

Cortés consiguió crear una gran fuerza auxiliar de combatientes locales. Se cree que contaba con miles de personas, todas ellas procedentes de antiguos vasallos descontentos de los aztecas. Una parte importante del plan de Cortés para subyugar a los aztecas consistía en hacer que sus ingenieros modificaran los barcos para colocarlos en el lago que rodeaba la ciudad. Estos barcos estaban equipados con cañones, que podían utilizarse para bombardear la ciudad de Tenochtitlan. A pesar de lo devastador que fue todo esto, en su mayor parte, ni siquiera fue necesario.

Porque cuando Cortés y compañía regresaron a Tenochtitlan en 1521, se enteraron de que el nuevo liderazgo de los aztecas estaba en peligro. Los aztecas estaban siendo derrotados no por los españoles, sino por los gérmenes que estos habían traído consigo.

Los europeos habían conseguido propagar la viruela a los nativos durante su corta estancia, y como los indígenas no tenían ninguna defensa contra esta enfermedad del Viejo Mundo, estaban muriendo a diestro y siniestro.

Los aztecas estaban muy debilitados, reducidos a una fracción de su número. Durante el brote, el propio Cuitláhuac pereció y fue sustituido por el joven e inexperto príncipe Águila que desciende o Cuauhtémoc, de veinte años.

Cuando los españoles se prepararon para atacar, su primer acto fue cortar el suministro de agua de la ciudad azteca asediada restringiendo el acceso a un manantial que la ingeniería azteca había estado canalizando eficazmente hacia la capital. Obviamente, Cortés iba a hacer lo que fuera necesario. Si tenía que hacer que toda la ciudad muriera de deshidratación, que así fuera. Entonces, el 1 de junio, con la ayuda de sus aliados indígenas, los bergantines especiales fueron colocados en las aguas que rodeaban Tenochtitlan. Cada embarcación estaba equipada con cañones de bronce, y las embarcaciones fueron colocadas estratégicamente para disparar sobre la ciudad.

Cuauhtémoc había dividido su ejército en cuatro partes para defender la ciudad por todos los lados, con una división específicamente encargada de enfrentarse a los españoles en el agua. Esto significaba que se subían a sus canoas y remaban para enfrentarse a los españoles. Las cartas estaban irremediablemente en contra de los guerreros aztecas. Los aztecas solo podían hacer daño a los españoles de cerca, pero los cañones españoles los destrozaban con facilidad si se atrevían a acercarse.

Aun así, los defensores aztecas siguieron luchando y retrasaron considerablemente el avance español. No fue hasta mediados de junio cuando los españoles consiguieron entrar en la ciudad. Con las armas en ristre, se lanzaron al ataque. El contingente principal de aztecas fue incapaz de resistir este bombardeo y huyó hacia el Templo Mayor en el centro de la ciudad para buscar refugio. Los españoles pensaron que estaban al borde de la victoria, pero al acercarse al templo, varios guerreros aztecas salieron de los tejados de los edificios cercanos y empezaron a bombardear a los españoles con flechas, piedras y cualquier otra cosa que pudieran lanzar.

Hernán Cortés se dio cuenta rápidamente de que, para evitar que se produjeran estas emboscadas, tendría que arrasar todas las estructuras cercanas para que los guerreros aztecas no pudieran asaltarlos desde lo alto. Esto llevó a Cortés y compañía a quemar sistemáticamente todas las estructuras que pudieron mientras huían de la ciudad. Con la ciudad en llamas, los españoles esperaron unos días más antes de reanudar el asalto.

Cortés se dio cuenta de que los aztecas no se iban a rendir sin luchar. Fue entonces cuando decidió arrasar la capital azteca. En su asalto final a Tenochtitlan, Cortés demostró un desprecio tan grande por la vida humana que podría decirse que si hubiera tenido armas nucleares a su disposición, probablemente no habría dudado en utilizarlas. Francamente, este conquistador español estaba dispuesto a aniquilar toda la ciudad.

Sin embargo, cuanto más agresivos se mostraban los españoles, más decididos estaban sus adversarios a rechazarlos. Y los defensores aztecas se enfrentaron tenazmente a los españoles en cada esquina, blandiendo sus espadas forradas de obsidiana, flechas, garrotes e incluso simplemente grandes piedras. A finales de junio de 1521, en medio de este frenesí, los aztecas consiguieron capturar a varias tropas españolas y posteriormente las convirtieron en sacrificios humanos en el monte de su templo. Esto permitió que tanto su propia gente como los compatriotas de los españoles asesinados tuvieran una visión completa de este espantoso espectáculo. Fue una experiencia absolutamente espantosa para los españoles, pero Cortés no se iba a dejar amedrentar.

Sabía muy bien que tenía el tiempo a su favor. Los aztecas eran los que estaban encerrados en su ciudad y sitiados. Y Cortés sabía que sus reservas de alimentos y agua se estaban agotando. Y a principios de julio, los signos de tensión ya estaban empezando a mostrar. Cortés tenía un flujo constante de suministros e incluso refuerzos que se dirigían a él desde el puesto de avanzada español en Veracruz. Después de otras semanas de intensos combates, la resistencia azteca finalmente se derrumbó en agosto de 1521.

El último emperador azteca, Cuauhtémoc, intentó escabullirse en canoa, huyendo de la ciudad justo antes de que los españoles tomaran el control. Los hombres de Cortés consiguieron interceptarlo, pero este, mostrando un sorprendente grado de piedad, decidió perdonarle la vida. Se dice que Cortés admiraba al rey derrotado por el valor que había demostrado en la batalla. Sin embargo, esta buena voluntad no duraría para siempre. Finalmente, Cuauhtémoc recibiría la soga del verdugo por cortesía de los españoles en 1525.

El último emperador azteca había muerto y la civilización azteca había sido destruida. De los escombros de Tenochtitlan, Cortés y sus hombres establecieron una nueva capital a la que llamaron «Ciudad de México», en un tardío y cínico reconocimiento del pueblo mexica al que acababan de derrotar. En el lugar de esta gran civilización prelatinoamericana, el mundo vería surgir la primera fortaleza verdaderamente latinoamericana de Nueva España. Nueva España sería uno de los cuatro virreinatos coloniales de España.

En su apogeo, el virreinato de Nueva España incluiría el Caribe, el istmo al norte de Panamá, México y gran parte de lo que más tarde sería el suroeste de Estados Unidos, junto con Florida. La colonia española de Filipinas también se añadiría a Nueva España en 1565, aunque no se considera parte de América Latina. Justo cuando el sol azteca se había puesto, los rayos del dominio español comenzaban a salir.

Capítulo 3 - La caída del Imperio inca

Francisco Pizarro, el hombre que acabaría con el Imperio inca, que se ubicaba principalmente en el actual Perú, era en realidad un primo lejano del destructor de la civilización azteca, Hernán Cortés. Los propios incas tenían una larga historia que se remontaba a alrededor del año 1200 de la era cristiana. Según la leyenda, el imperio y su gran capital, Cuzco, fueron fundados por un gran jefe llamado Manco Cápac. El propio término «Inca» significa cacique, lo que nos da una explicación lógica sobre la procedencia del nombre de esta civilización.

En cualquier caso, la civilización, que se asentaba en las tierras altas de la cordillera de los Andes, se fue fortaleciendo con el paso de los años. A principios del siglo XVI, eran la potencia indiscutible de la región, con una gran franja de tierra que rodeaba las costas del noroeste de Sudamérica.

Hacia 1526, Francisco Pizarro se dirigió hacia el sur, hacia esta misma costa, ya que había oído hablar de una gran ciudad «llena de oro» escondida en las montañas. Estas historias se las contaban los lugareños a través de sus intérpretes, y a él le picó la curiosidad. Estas historias también insistían en que esta gran ciudad de oro estaba controlada por un poderoso líder con un gran ejército. Pizarro condujo a sus hombres a través del desierto y les ordenó que mantuvieran la más estricta disciplina.

Como Pizarro necesitaba la cooperación de los lugareños para que le ayudaran a llegar a este paraíso dorado, no quería arriesgarse a ofenderlos. Otra cosa que necesitaba era la aprobación del gobernador español de Panamá, bajo cuya autoridad directa debía responder Pizarro. Los españoles habían establecido una colonia en la delgada franja de tierra entre América del Norte y del Sur, que un día se conocería como Panamá. Y fue desde Panamá que Pizarro había iniciado su viaje.

Por desgracia para Pizarro, el gobernador de Panamá no pensó que Pizarro fuera a hacerse rico en los Andes. Al contrario, cuando Pizarro regresó a Panamá, con unas pocas piezas de oro y plata y unas pocas llamas, el gobernador se burló abiertamente de él. Lo calificó de «despliegue barato de juguetes de oro y plata y unas cuantas ovejas indias».

Pizarro no se dejó intimidar y acabó volviendo a España en 1528, donde expuso sus argumentos para lanzar su expedición al rey de España (y al emperador del Sacro Imperio Romano Germánico), Carlos V. A diferencia del gobernador de Panamá, que se había burlado de la ambición de Pizarro, Carlos V quedó aparentemente impresionado con lo que había oído. El 26 de junio de 1529, aceptó que la misión de Pizarro siguiera adelante. No solo eso, sino que Carlos también nombró caballero a Pizarro y decretó en La Capitulación de Toledo que, tras la toma de la región por parte de Pizarro los españoles habían bautizado como «Perú», él mismo sería el gobernador del nuevo territorio.

Cabe señalar que existe un debate histórico sobre el origen del nombre «Perú». Algunos relatos dicen que el nombre «Birú» pertenecía a un cacique local que una expedición anterior había encontrado, y fue a partir de esta designación que toda la región pasó a llamarse «Perú». Otro relato sugiere que el nombre surgió como un simple malentendido. Según esta versión de los hechos, se preguntó a un lugareño cómo se llamaba la región, pero en lugar de proporcionar el nombre de la región, el sorprendido hombre dio a sus inquisidores su propio nombre, que resultó ser Birú. Y así comenzó la costumbre de referirse a esta región en particular como «Perú».

En cualquier caso, Carlos V promulgó la Capitulación de Toledo, que autorizaba a Pizarro a apoderarse de las tierras del

Perú y hacerse gobernador (sin importar lo que pensaran los habitantes). Una vez establecido este decreto, Pizarro reunió una nueva tripulación de marineros y aventureros, y partió de España hacia América el 18 de enero de 1530. El grupo llegó a Panamá y se preparó para su expedición a Perú.

Un año más tarde, en enero de 1531, Pizarro dirigió un grupo de poco menos de doscientos soldados españoles a las afueras de Perú. Poco sabía Pizarro, pero los incas ya estaban muy debilitados por un brote de viruela. La enfermedad había sido llevada por los europeos a México, y luego viajó por Centroamérica a través de varios pueblos infectados hasta llegar a Perú. Se extendió como un reguero de pólvora por todo el Imperio inca.

Los incas, por supuesto, no tenían experiencia con esta enfermedad del Viejo Mundo, y aunque los españoles eran en gran medida inmunes, los incas sucumbieron rápidamente a la enfermedad. Para los incas, esto supuso un increíble mal presagio. El emperador inca, Huayna Cápac, acabó pereciendo por la enfermedad de la viruela en 1525.

Y según la tradición incaica, justo antes de su muerte, predijo que los extraños recién llegados de los que los incas habían oído rumores vendrían a gobernarlos. El emperador inca moribundo supuestamente dijo a su pueblo: «El reinado de los 12 incas termina conmigo. Por lo tanto, puedo certificarles que esta gente regresará poco después de que yo los haya dejado, y que cumplirán lo que nuestro padre el Sol predijo que harían: Conquistarán nuestro Imperio, y se convertirán en sus únicos señores». Tras pronunciar estas ominosas palabras, el monarca falleció.

A su muerte, se produjo una gran lucha por el poder entre los incas. Los dos hijos de Huayna Cápac, Huáscar y Atahualpa, lucharon cada uno por convertirse en el líder supremo del imperio. Huáscar acabó siendo reconocido como rey en la capital inca de Cuzco. Atahualpa, sin embargo, fue reconocido como rey desde su fortaleza en la ciudad de Quito.

Atahualpa tenía un gran ejército a sus órdenes, y estaba preparado y dispuesto a enfrentarse a Huáscar en cualquier momento. Atahualpa acabó imponiéndose y terminó destronando y encarcelando a su hermano. Pero aunque parecía haber ganado la guerra civil, el suelo bajo los pies de Atahualpa era extremadamente inestable. Y en medio de esta complicada y turbulenta lucha por el poder, los españoles aparecieron en las afueras del Imperio inca.

Francisco Pizarro ya había sido informado por lugareños amistosos de lo que había sucedido en el gobierno inca. Pizarro vio en esta lucha la oportunidad que necesitaba para meterse de lleno en la política incaica. Pizarro tuvo cuidado de mantener sus relaciones con todas las comunidades locales dispersas en torno a la estructura de poder incaica de la forma más amistosa posible mientras planeaba una forma de derrocar a los líderes incas. La estrategia funcionó bastante bien, y Pizarro y sus hombres fueron capaces de atravesar las principales comunidades incas hasta llegar a la capital incaica de Cuzco sin ningún problema.

Muy pronto, el emperador inca Atahualpa recibió la noticia de la llegada de los extraños visitantes. Por su parte, Atahualpa adoptó una postura similar a la del gran emperador azteca Moctezuma cuando se enfrentó a los conquistadores en México. Atahualpa, al igual que Moctezuma, no sabía muy bien qué hacer con estos extranjeros. Pero estaba decidido a quedarse donde estaba y gobernar con normalidad hasta que pudiera averiguar mejor quiénes eran y qué querían. Esta ambivalencia inicial acabaría resultando costosa, ya que a los incas les habría venido mejor montar una resistencia a gran escala contra los españoles antes de que se acercaran a la capital. Pero, por supuesto, como siempre, la retrospectiva es correcta.

En ese momento, el cauteloso Atahualpa no sabía exactamente cómo debía responder a la invasión de esta banda de viajeros inusuales. El propio Pizarro contemplaba con asombro los desprotegidos pasos de montaña que conducían a la capital. Sabía perfectamente que si el rey colocaba tropas en posiciones estratégicas sobre estos traicioneros pasos de montaña, habría sido casi imposible para Pizarro y sus hombres superarlos.

Sin embargo, los pasos de montaña quedaron totalmente desprotegidos, y lo máximo de lo que tuvieron que preocuparse los españoles mientras ascendían fue simplemente de no perder el equilibrio. No fue hasta el 15 de noviembre de 1532, cuando la expedición llegó a la cima de un paso de montaña en el valle de Cajamarca, que fueron testigos del ejército inca. Miraron por encima del paso para ver un gran campamento en la distancia, que se estimó que estaba formado por unos cincuenta mil guerreros incas.

Fue entonces cuando los hombres de Pizarro empezaron a desanimarse. ¿Y quién podría culparlos? Allí estaban, precariamente encaramados en un paso de montaña con unos doscientos hombres detrás, mientras que los que estaban al frente de la línea tenían una vista de águila de cincuenta mil soldados incas que los esperaban abajo en el valle. Pizarro y sus comandantes consultaron rápidamente, y se determinó que una retirada en este punto significaría probablemente una muerte segura.

Aunque no hay forma de demostrarlo, los españoles estaban convencidos de que si mostraban repentinamente miedo e intentaban huir, esta gran fuerza incaica sería alertada de sus precipitados movimientos y los perseguirían. Así, Pizarro informó a sus asustados seguidores de que solo les quedaba una opción: luchar hasta la muerte. No habría vuelta atrás.

Es importante tener en cuenta la mentalidad de Pizarro y sus hombres. Los conquistadores de entonces eran esencialmente combatientes cristianos militantes. Desde la Reconquista, en España se animaba a los jóvenes a buscar la gloria en la guerra y a luchar por el bien de la cristiandad. Hoy en día, nos horrorizaríamos de tales cosas, pero los españoles, que acababan de luchar en la sangrienta Reconquista para recuperar la península ibérica, empleaban esencialmente las mismas tácticas en las Américas. Es probable que todos ellos se sintieran obligados a conquistar y convertir por la fuerza a todas las sociedades no cristianas que encontraran o a morir en el intento.

Pero, aun así, eso no significaba que las negociaciones nunca se produjeran. En lugar de hacer la guerra a los cincuenta mil guerreros incas que lo esperaban abajo, Pizarro quiso inicialmente negociar. Envió a un compañero conquistador, Hernando de Soto, y a su propio hermano Hernando Pizarro a realizar una atrevida aproximación al campamento para establecer la comunicación.

Los dos hombres a caballo con armadura de combate causaron una gran impresión en los combatientes incas. Estos dos españoles corrían un gran peligro, ya que se atrevían a acercarse al ejército inca, y solo esta hazaña suscitó mucho respeto entre los incas. Los dos hombres fueron recibidos hospitalariamente y, tras un diálogo básico (Hernando de Soto dominaba muchas lenguas tribales), se dispuso que Francisco Pizarro conociera al propio emperador.

Mientras tanto, Pizarro y compañía se establecieron en el valle y se instalaron en el pueblo de Cajamarca. Atahualpa acabó accediendo a reunirse con Francisco Pizarro allí. El emperador inca no sabía que estaba cayendo en una trampa bien orquestada. Pizarro conocía la historia de cómo su pariente lejano Hernán Cortés tomó cautivo al líder azteca Moctezuma y lo utilizó como una forma de abrir una brecha en la sociedad azteca. Iba a intentar utilizar la misma táctica con los incas.

Pensó que si podía apoderarse del rey del Imperio inca, su ejército quedaría impotente con la repentina eliminación de su comandante en jefe. Aún más insidioso era el hecho de que Pizarro había dado al líder su palabra de que no le haría daño y había insistido en que sería «recibido por él como un amigo y hermano». Pizarro mintió, afirmando que él y sus secuaces habían preparado un gran banquete en su honor.

Finalmente, Atahualpa accedió a la supuesta buena voluntad de los forasteros y decidió asistir a ese supuesto banquete. Ahora bien, para no hacer pasar al gran rey inca Atahualpa por un ingenuo, cabe señalar que Pizarro había sido bastante amable en sus acciones. Había tratado bien a todos los lugareños y con un alto grado de respeto. No hubo informes de abusos o violencia por parte de Pizarro o sus tropas, lo que contribuyó a arrojar una luz benévola sobre los españoles.

Esta benevolencia percibida, sin duda, animó a Atahualpa a bajar la guardia. Pero, por supuesto, todo esto formaba parte del gran plan de Pizarro. Atahualpa confió en los gestos amables y diplomáticos de los forasteros y decidió dejar a sus soldados para el encuentro. Esto no significa que fuera solo; al contrario, llegó con miles de personas de su corte real y su séquito. Pero los hombres que lo acompañaban no eran combatientes, sino dignatarios reales.

Atahualpa esperaba que el encuentro fuera diplomático y no bélico. En cualquier caso, con la puesta de sol, Atahualpa y su séquito llegaron a la plaza de la ciudad. Extrañamente, los españoles no estaban a la vista. En su lugar, fueron recibidos por un único sacerdote cuyo nombre ha llegado hasta nosotros como padre Valverde y su traductor nativo.

El sacerdote saludó al rey antes de iniciar una perorata religiosa. Ante el sorprendido emperador, el extraño hombre comenzó a fustigar lo que describió como horribles prácticas religiosas. Los cristianos, por supuesto, estaban realmente horrorizados por la práctica de los sacrificios humanos tanto de los aztecas como de los incas, y utilizaron su desprecio por los sacrificios humanos como medio para criticar todo el sistema de creencias de los incas.

Después de condenar sus prácticas, el sacerdote le impuso al aturdido monarca inca una dura elección. Básicamente le dio un ultimátum: Atahualpa podía convertirse y convertir todo su reino al cristianismo o ser conquistado por los españoles. Es lógico imaginar lo aturdido que debió estar el emperador inca. ¿Quiénes eran esos extraños que venían a su reino y le exigían tanto?

Una vez superado el shock, el rey inca sintió que su ira aumentaba en su interior. El líder inca se sintió, como es lógico, irrespetado y dispuesto a repartir un poco de su propia falta de respeto. Sin duda, luchando por no gritar al sacerdote, tras tomar aliento, el líder inca le preguntó si podía ver su libro de oraciones.

El rey inca recibió una Biblia, y tras hojearla, el rey Atahualpa la arrojó al suelo. Ahora era el momento de que el sacerdote se pusiera nervioso, y al mirar la cara enfurecida del líder inca, el sacerdote se dio la vuelta y corrió de vuelta a donde estaban escondidos sus hermanos españoles. El enfurecido líder inca se quedó solo en el valle mientras consultaba con sus nobles. No sabía que estaba en medio de una emboscada.

Momentos después, Francisco Pizarro hizo una señal a sus hombres, que estaban ocultos por todos lados, agitando un pañuelo blanco en el aire. Ante esta señal, las tropas españolas ocultas abrieron fuego con cañones, pistolas y ballestas. Innumerables incas murieron en cuestión de segundos, y justo en medio de este cuerpo a cuerpo, Pizarro soltó a sus hombres a caballo. Cargaron a través del confuso centro de los incas heridos, acuchillando y matando a su paso.

Pizarro condujo entonces a los soldados hasta el propio rey inca, que estaba rodeado por sus criados reales. Sus sirvientes, aunque no eran guerreros, intentaron valientemente rechazar a los atacantes, pero fueron fácilmente abatidos. Finalmente, Pizarro se apoderó de Atahualpa y se marchó con el rey inca como prisionero de guerra.

En cuestión de minutos, los españoles hicieron prisionero al rey inca y masacraron a gran parte de la nobleza inca. Los propios españoles estimaron que habían matado a unos dos mil incas durante el ataque. Los supervivientes de los incas y sus descendientes calcularon posteriormente que la cifra era mucho mayor.

Pizarro apoderándose de los incas de Perú, por John Everett Millais
https://commons.wikimedia.org/wiki/File:Millais,_John_Everett_(Sir)_-_Pizarro_Seizing_the_Inca_of_Peru_-_Google_Art_Project.jpg

Pizarro, con el rey bajo su custodia, continuó su retorcido juego de manipulación. Trató bien al rey e incluso le permitió cenar en sus platos de oro reales. El rey se había dado cuenta de que los españoles buscaban oro. Así que Atahualpa trató de crear su propia moneda de cambio informando a Pizarro de que podía conseguirle riquezas más allá de sus sueños a cambio de su libertad. Atahualpa prometió a Pizarro que tendría una habitación entera llena de oro y otra llena de plata para él.

Olvidando aparentemente toda la supuesta disputa sobre la religión, Pizarro demostró lo que realmente lo movía al aceptar el soborno de oro y plata. Pizarro instó al rey a recoger estos tesoros para él y a hacerlo rápidamente.

Atahualpa envió un mensajero para hacer saber que había que reunir oro y plata para su rescate. También se había enterado de que su hermano Huáscar, que estaba preso, estaba tramando volver al poder; para protegerse de ello, hizo que su mensajero entregara la orden de dar muerte a Huáscar. Sí, desde el cautiverio, Atahualpa firmó la sentencia de muerte de su propio hermano. Huáscar fue entonces ahogado por sus propios guardias.

Teniendo en cuenta todos estos detalles, se puede suponer que hubo mucha codicia innoble en todas las partes de este sórdido asunto. Si Atahualpa fuera realmente un gobernante noble, lo más probable es que hubiera renunciado al liderazgo por el bien de su propio pueblo. Uno podría imaginar a un gobernante más compasivo enviando instrucciones para liberar a su hermano e instalarlo en el trono para que pudiera continuar la lucha contra los españoles.

Pero Atahualpa, al igual que muchos otros gobernantes de todo el mundo, aparentemente no era tan noble y estaba más preocupado por asegurar el poder para sí mismo que por el bienestar general de su pueblo o de su imperio. Además, por desgracia para Atahualpa y todos los que lo siguieron, parecían creer de verdad que una vez pagado el rescate, Atahualpa volvería al trono para gobernar a su pueblo como le pareciera.

Para vergüenza de los españoles que lo capturaron, no cumplieron su palabra. Incluso después de recibir el oro y la plata prometidos, Pizarro se negó a liberar al rey inca cautivo. En su lugar, comenzó a planear la muerte del líder inca.

El principal aliado de Atahualpa en el campamento español era un hombre llamado Hernando de Soto. Este explorador español había llegado a conocer al emperador inca y había entablado amistad con él. En cuanto se enteró de la intención de Pizarro de hacer ejecutar al rey inca, protestó inmediatamente y denunció a Pizarro por tener esa idea. Pizarro se dio cuenta de que De Soto nunca aprobaría la acción asesina, así que desarrolló una treta para quitarse de encima a Hernando de Soto.

Pizarro envió a Hernando de Soto en una falsa expedición para explorar una supuesta banda itinerante de lugareños hostiles. De Soto partió obedientemente en esta búsqueda inútil, pero no había insurgentes errantes que encontrar. Era solo una treta para que

Hernando de Soto se alejara lo suficiente para matar a Atahualpa.

Tan pronto como el objetor Hernando de Soto estuvo fuera del área inmediata, Francisco Pizarro hizo que Atahualpa fuera juzgado por cargos falsos, principalmente de naturaleza religiosa, pero también por la muerte de su hermano. Los españoles se enteraron de lo sucedido y declararon que pedirían cuentas a Atahualpa por haber ordenado el asesinato de su hermano. Los motivos ulteriores para hacerlo son bastante obvios.

Incluso sin la presencia de Soto, algunos miembros del entorno de Pizarro se opusieron a la legitimidad de este tribunal arbitrario. Se sugirió que, en todo caso, el rey inca debería ser enviado a España para comparecer ante el rey Carlos V. Sin embargo, estos disidentes fueron rápidamente desestimados y el proceso siguió su curso. Como era de esperar, Atahualpa fue declarado culpable y condenado a muerte.

Atahualpa se dio cuenta de que su destino estaba sellado y quedó comprensiblemente conmocionado. Se dice que preguntó directamente a Pizarro, exigiendo: «¿Qué he hecho para correr semejante suerte?». Atahualpa se enteró de la naturaleza engañosa de los buscadores de rescates por las malas. Hizo que le entregaran a Pizarro cuartos de oro y plata, solo para que lo condenaran a muerte después de que el español obtuviera lo que quería.

Al final de su juicio, Atahualpa fue condenado a arder en la hoguera, como cualquier otro hereje durante la infame Inquisición española. Atahualpa apenas sabía lo que era el cristianismo y, sin embargo, lo mataron por no seguir sus protocolos. Muchos en el campamento de Pizarro debían saber lo absurdo de todo esto.

El sacerdote que se había enfrentado primero al rey inca debió sentir algún grado de piedad, ya que suplicó a Atahualpa que aceptara el cristianismo para evitar ser quemado hasta la muerte. Para ser claros, aceptar el cristianismo no habría evitado la ejecución del rey, pero sí salvaría a alguien de ser quemado vivo. Todos los cristianos de esta época creían de todo corazón en la resurrección corporal de todos los creyentes en la predicha segunda venida de Cristo. Por esta razón, la quema en la hoguera estaba reservada a los herejes e incrédulos condenados, ya que se pensaba que alguien quemado hasta las cenizas no podría participar en la resurrección.

La mayoría de los teólogos actuales rechazan tal cosa por absurda, reconociendo que un Dios todopoderoso podría reanimar tan fácilmente la ceniza como los huesos enterrados. Por esta razón, en el cristianismo moderno no se considera nada malo la cremación. Sin embargo, este no era el caso en el siglo XVI, y quemar a alguien en la hoguera se consideraba una forma de infligir un castigo duradero incluso después de la muerte.

No está claro si Atahualpa tuvo alguna oportunidad de entender el cristianismo, pero cuando se le dio la opción de ser estrangulado en lugar de ser quemado vivo, aceptó la nueva religión y pidió que su cuerpo fuera enterrado con los de sus antepasados. Después de que Atahualpa fuera bautizado como cristiano, fue estrangulado hasta la muerte y se le dio un entierro cristiano.

Para la mayoría de los lectores modernos, todo este lamentable estado de cosas probablemente les parezca enfermizamente absurdo. Incluso las palabras «Atahualpa murió asfixiado y recibió un entierro cristiano» parecen irremediablemente retorcidas y dementes. El cristianismo comenzó como una religión de amor y perdón, pero estos conquistadores españoles habían desarrollado una variante tan militante de la misma que creían que el objetivo final de convertir a otros al cristianismo superaba todo lo demás. Para ellos, la conversión a punto de morir era mejor que ninguna conversión. Realmente creían, con una intensa militancia religiosa, que las personas de otras creencias debían ser convertidas a toda costa, incluso si eso significaba amenazar a otros con la violencia.

En cualquier caso, la decisión de Pizarro de ejecutar a Atahualpa parecía totalmente inútil, incluso desde una perspectiva estratégica, ya que dificultaba aún más su capacidad de influir en los incas. Después de matar a Atahualpa, Pizarro reclutó a otro noble inca —Túpac Huallca— para que ocupara su lugar como gobernante inca personal.

Cualquiera que esté familiarizado con la música hip-hop de principios de los 90 probablemente reconozca el nombre «Tupac». Sí, por si alguien se lo estaba preguntando, el rapero Tupac Shakur recibió su nombre en honor a la civilización inca. Su madre había estado investigando sobre el Imperio inca y se sintió profundamente inspirada por la resistencia de un líder inca llamado Túpac Amaru II (más sobre él en un momento), por lo que llamó a su hijo como este luchador por la libertad inca.

Pero en lo que respecta a Túpac Huallca en el siglo XVI, su influencia sobre sus compañeros incas resultó bastante ineficaz, y Túpac Huallca pereció poco después de ser reclutado por los españoles para desempeñar el papel de su marioneta. Los grupos armados incas empezaron a lanzar ataques furtivos contra las posiciones españolas, y Pizarro decidió tirar los dados e intentar tomar la capital inca de Cuzco por la fuerza. Y no iba a hacerlo solo con su pequeño grupo de tropas.

Hernán Cortés había reunido a enemigos tribales para su causa, y Pizarro consiguió reunir su propio ejército de guerreros locales, procedentes en su mayoría de las tribus huanca y cañari. Estos combatientes indígenas veían a los españoles como aliados y a los incas como opresores. No sabían que estaban cambiando un opresor indígena por un trasplante europeo.

En cualquier caso, Francisco Pizarro y sus aliados locales crearon un frente unido y se dirigieron a Cuzco. Poco antes de que Pizarro entrara en la capital, recibió un mensaje de un hermano superviviente de Atahualpa llamado Manco. Manco tenía sus propios planes y quería utilizar a Pizarro para que lo ayudara a llegar al trono. Pizarro accedió a forjar una alianza con el futuro gobernante inca, y con el apoyo de Manco, Pizarro pudo entrar en Cuzco el 15 de noviembre de 1533.

Francisco Pizarro permitió a su títere Manco gobernar desde Cuzco mientras él establecía una segunda ciudad en la costa del Pacífico. Esta se completó en enero de 1535, y el lugar se convertiría en la actual capital peruana de Lima. Con el río Rímac atravesando su centro y estando muy cerca del océano Pacífico, Lima pronto se convertiría en un gran centro de actividad para la colonia latinoamericana de Nueva España.

Poco después, Pizarro establecería la ciudad portuaria del Callao, consolidando aún más la región como un importante centro neurálgico de la colonia española. El asentamiento de Lima, Perú, tendría ramificaciones en los años siguientes. Los inmigrantes europeos inundarían Lima, mientras que Cuzco seguiría siendo predominantemente indígena, dando lugar a un marcado contraste entre la antigua y la nueva capital de esta región de América Latina.

A Manco no le fue muy bien tras ser colocado en el trono inca del Cuzco. No solo fue un gobernante títere, sino que también fue terriblemente tratado por sus supervisores españoles, que resultaron ser los hermanos de Francisco Pizarro, Juan y Gonzalo Pizarro. Estos hermanos disponían de un centenar de tropas españolas, pero eran suficientes para aterrorizar eficazmente a todo el estado incaico.

Estos dos tiranos básicamente tomaron todo lo que querían por la fuerza, sin que Manco pudiera hacer mucho al respecto. Estos hombres incluso le arrebataron a Manco su propia esposa, sometiéndola a sus perversas depredaciones. Solo después de esto, Manco tuvo finalmente suficiente. Ordenó en secreto a un gran contingente de guerreros incas que lo esperaran fuera de la ciudad en el valle y les dijo que permanecieran en el lugar hasta que él se reuniera con ellos más tarde.

A continuación, Manco pidió a sus jefes españoles que le permitieran visitar un santuario a las afueras de la ciudad. Al parecer, pensando que no tenían nada que temer de su humillado y servil rey títere, le dieron permiso a Manco para hacerlo. En lugar de ir a cualquier santuario religioso, Manco se dirigió directamente al valle, donde reunió a sus tropas y comenzó a preparar una embestida que esperaba que derrotara a los odiados intrusos españoles de una vez por todas.

Su enorme ejército sitió tanto Cuzco como Lima. Las tropas españolas, a pesar de su escaso número, pudieron resistir gracias a sus armas. Los incas utilizaron lo que tenían a su disposición para enfrentarse a las fortificaciones españolas. Utilizaron hondas de piedra para enviar grandes rocas a los defensores españoles en todas las direcciones. Los españoles no solo fueron atacados desde fuera de la ciudad, sino también desde dentro, ya que los incas que vivían en los asentamientos se unieron a la lucha. En el transcurso del conflicto, Juan Pizarro —uno de los odiados titiriteros de Manco— murió al abrirse la cabeza con una gran piedra.

Cuando empezaron a llegar refuerzos españoles, los propios guerreros de Manco se desanimaron cada vez más y empezaron a alejarse del campo de batalla. Al darse cuenta de que su causa estaba perdida, el propio Manco huyó de la escena en abril de 1537.

Manco seguiría siendo una espina en el costado de la España colonial y lideraría revueltas intermitentes hasta que fue asesinado en 1544. Para entonces, el Imperio inca había sido incorporado con éxito a la colonia española de Perú. La riqueza de Perú —en particular, el oro y la plata— cambiarían las reglas del juego para España. Los cargamentos de plata y oro que se enviaban regularmente a España la convertirían en uno de los países más ricos del planeta.

Perú recibiría un nuevo gobernador en la persona de Cristóbal Vaca de Castro, designado por la realeza. Esto supuso un cambio con respecto a los conquistadores de mano dura y se hizo en un intento de llevar un gobierno más estable a la región. Aunque Cristóbal Vaca de Castro contaba con el sello real, no le fue fácil convencer a otros conquistadores de su autoridad.

Uno de ellos, Almagro, se levantó contra él e intentó destituirlo por la fuerza. Cristóbal tuvo que librar una terrible batalla contra Almagro que costó cientos de vidas antes de que la revuelta fuera sofocada. Al final, Almagro fue sometido, condenado a muerte y asesinado en la plaza del Cuzco en 1542.

Al parecer, la corona española se había dado cuenta de los abusos que los conquistadores habían cometido contra las poblaciones nativas y, aparentemente, había desarrollado una conciencia de culpabilidad. Por ello, el rey Carlos V promulgó las Leyes Nuevas con el fin de ofrecer cierta protección a los indígenas y evitar que se siguiera abusando del poder. Estas leyes protegían a los nativos de ser reclutados para realizar trabajos forzados. Esto supuso un choque para los colonos españoles, que se habían acostumbrado al sistema de encomienda, en el que un colono español se enseñoreaba de un grupo de lugareños como si fueran siervos, haciéndolos vivir en sus tierras y cultivar sus campos.

Esta emancipación de los indígenas de los trabajos forzados llevó a los colonos descontentos a organizar una nueva revuelta contra el gobernador. Esta revuelta fue liderada nada menos que por el hermano menor de Francisco Pizarro, Gonzalo Pizarro. En 1544 se nombró un nuevo gobernador de Perú, Blasco Núñez Vela. Blasco Núñez Vela estaba dispuesto a imponer los nuevos decretos reales, les gustara o no a los colonos. Muchos de los que se habían beneficiado del sistema de encomiendas se enemistaron inmediatamente con el nuevo gobernador y se unieron a Gonzalo Pizarro.

Pizarro se apoderó de Cuzco ese mes de mayo y luego se dirigió a Lima, donde pudo liderar un exitoso levantamiento contra el gobernador. El propio Gonzalo fue entonces nombrado gobernador, y Blasco Núñez Vela fue desterrado a Panamá. Sin embargo, si estos colonos rebeldes pensaban que este sería el final de la historia, se encontraron con otra cosa. Ahora estaban desafiando abiertamente las órdenes de la corona española, y habría consecuencias directas e inmediatas por ello.

Blasco Núñez Vela dirigió un refuerzo de tropas de vuelta a Perú, y se produjeron varias escaramuzas entre los realistas y los rebeldes. Esto culminó en una gran batalla que estalló el 18 de enero de 1546, cerca de la ciudad de Quito. En el transcurso de esta sangrienta lucha, el gobernador Blasco Núñez Vela fue asesinado. Aunque la noticia tardó en llegar a las colonias, pocas semanas antes la corona española había llegado a la conclusión de que las Leyes Nuevas estaban causando demasiados problemas y anuló la prohibición del sistema de encomiendas.

Esto demuestra la dura decisión que tuvo que tomar la corona española en ese momento. Consideraban que el sistema de encomiendas era injusto, pero se dieron cuenta de que su abolición provocaría movimientos independentistas entre los enfurecidos colonos y, por tanto, privaría a España de sus nuevas colonias. Al elegir la codicia en lugar de la ética, la corona española se vio obligada a permitir que el injusto sistema de encomiendas continuara.

Tras el asesinato del anterior gobernador, se envió desde España un nuevo gobernador más complaciente: Pedro de la Gasca. Llegó en 1547 y, mediante una mezcla de acomodación y amenazas de fuerza, consiguió que la colonia de Perú se sometiera finalmente. El propio Gonzalo Pizarro se vio reducido a supervisar solo un pequeño grupo de rebeldes que disminuía rápidamente. Él y sus seguidores resistieron hasta la primavera de 1548, cuando el gobernador y su ejército, totalmente organizado, acabaron con ellos definitivamente. Gonzalo fue capturado y ejecutado sumariamente. Se dice que el asesinato de Gonzalo Pizarro es generalmente reconocido como el punto en el que la era de los conquistadores, que habían arrasado tanto el imperio azteca como el inca, llegó finalmente a su fin.

Capítulo 4 - La expansión de los dominios españoles y portugueses

Desde el Tratado de Tordesillas de 1494, los dominios de España y Portugal en el nuevo mundo se dividieron claramente en una frontera predeterminada. La tierra al este de esta línea imaginaria pertenecería a Portugal, y la tierra al oeste de la misma sería reclamada por España. Este acuerdo fue negociado por el papa para mantener la paz entre las dos potencias católicas rivales.

En retrospectiva, es realmente sorprendente lo mucho que las dos potencias siguieron este tratado. En su mayor parte, esta frontera se mantendría. Y es por esta razón que Portugal colonizó una gran parte del noreste de América del Sur que cayó en su lado de la línea de Tordesillas. Ese pedazo de tierra, por supuesto, se convertiría un día en el país de Brasil.

Al principio, los portugueses no se tomaron muy en serio sus posesiones en el Nuevo Mundo. Su principal objetivo era perfeccionar la circunnavegación de África y consolidar el comercio con la India. Fue cuando el tercer miembro de los tres portadores de la lengua latina en las Américas, los franceses, reclamó una isla frente a las costas de Brasil en 1531 que los portugueses se preocuparon.

Los franceses querían entrar en el negocio de la recolección de la valiosa paubrasilia para su comercio. Y lo que es más preocupante para los portugueses, los franceses se habían aliado con algunos de los tupis locales y empezaron a ponerlos en contra de los portugueses y sus aliados locales. Esta amenaza de invasión francesa llevó a los portugueses a consolidar rápidamente sus posesiones en Brasil.

El rey portugués, Juan III, aprobó en 1534 un plan para dividir las tierras en capitanías, en las que un capitán designado controlaría la parte que le correspondía. Este cambio en la estructura de la colonia supuso la aparición de plantaciones de azúcar en Brasil como medio para producir un cultivo comercial mucho más lucrativo. El rápido aumento de estas plantaciones de azúcar cambió radicalmente la dinámica de la relación entre los colonos portugueses y los habitantes indígenas.

Anteriormente, ambas partes se contentaban más o menos con llevar a cabo un comercio informal entre ellas. Pero una vez que la atención se centró en las plantaciones de azúcar, los colonos necesitaban más que nada mano de obra. Los colonos eran demasiado pequeños en número y, por lo general, demasiado poco ambiciosos para hacer el trabajo sucio por sí mismos, así que naturalmente recurrieron a lo que consideraban una gran reserva de trabajadores manuales: la población indígena.

Cuando no se podía convencer a los lugareños de que prestaran sus servicios, los colonos no dudaban en obligarlos a hacerlo. Los portugueses empezaron a comprar activamente a los cautivos de otras tribus (normalmente tomados como resultado de conflictos intertribales) e incluso secuestraron abiertamente a personas de las aldeas. El rey portugués no aprobaba estas acciones, pero dada la enorme brecha de comunicación entre Portugal y Brasil, tanto el decreto real como la supervisión eran considerablemente escasos.

Aun así, la esclavización de los lugareños resultó ser ineficaz. Por un lado, las enfermedades del Viejo Mundo, como la viruela, introducidas inadvertidamente en el Nuevo Mundo por los europeos, mataban constantemente a los esclavos. El procesamiento de la caña de azúcar, que implicaba trabajar en campos calurosos, moler la cosecha y luego hervirla en tortas que pudieran transportarse fácilmente, era un trabajo duro y agotador incluso para quienes gozaban de plena salud, por no hablar de los que sufrían de viruela.

Incluso los nativos que habían desarrollado cierta inmunidad a las enfermedades europeas a menudo resultaban poco fiables debido a su íntimo conocimiento del entorno. Era muy fácil que se escabulleran de los campos y se adentraran en los bosques para esconderse. A los capataces portugueses les resultaba muy difícil mantener a los trabajadores indígenas en su sitio, aunque se tomaban muchas medidas crueles para reprimir las ideas rebeldes.

Estos problemas de salud y falta de fiabilidad llevaron a los portugueses a buscar esclavos en otros lugares. Y como ya tenían cierta experiencia en el comercio de esclavos en África Occidental y contaban con puestos de avanzada en la región, no les costó mucho comenzar a importar esclavos del continente africano. Estos esclavos se utilizaron ampliamente en los crecientes asentamientos de Bahía, Pernambuco y Río de Janeiro.

Aunque hoy consideremos a Río de Janeiro como una gran metrópolis brasileña, cabe destacar que su crecimiento fue mucho más lento al principio. De los tres asentamientos mencionados, Bahía y Pernambuco experimentaron una explosión demográfica en los primeros tiempos. Esto se debió a la producción masiva de azúcar en esas regiones. Estos dos asentamientos vieron la mayor afluencia de esclavos importados, y solo Pernambuco recibía hasta diez mil al año. Muchos de estos esclavos fueron extraídos de la colonia portuguesa africana de Angola.

A medida que aumentaba la producción de azúcar, también aumentaba la inmigración portuguesa a Brasil. Aunque la vida en Brasil era dura, el hacinamiento de Portugal ejercía suficiente presión sobre el aspirante medio a colono portugués como para que quisiera abandonar su hogar ancestral y aprovechar sus oportunidades en esta colonia sudamericana en rápida expansión.

Los portugueses también enviaban a sus propios prisioneros condenados por delitos a Brasil, donde se los obligaba a trabajar en duras condiciones con la vaga promesa de empezar una nueva vida. A estos hombres se los llamaba a veces *degredados*. Eran los que limpiaban la cubierta y dormían a la intemperie bajo las estrellas sin más que un saco de harina como almohada. Los *degredados* constituían una gran parte de los nuevos inmigrantes de la región.

Los *degredados* portugueses estaban en el extremo inferior de la estructura de clases, mientras que los ricos propietarios de los ingenios azucareros estaban en la cima. Estos ricos colonos eran conocidos en lengua portuguesa como *senhores de engenho*, que significa literalmente «señores del ingenio». Los ingenios azucareros de Brasil eran ciertamente rentables para Portugal, pero incluso estas empresas quedaron en un segundo plano frente al comercio portugués que se realizaba desde los puestos de avanzada en la India. Los portugueses cultivaron sus territorios brasileños lo suficiente como para mantener una presencia y obtener beneficios, pero durante muchos años, el objetivo principal de Portugal fue el rentable comercio de especias. El azúcar tampoco era tan rentable como el oro y la plata que los colonos españoles extraían en gran abundancia para su país.

Por ello, la población portuguesa y el asentamiento de Brasil progresarían a un ritmo más lento que los asentamientos españoles en México, Centroamérica y Sudamérica. De hecho, mientras Portugal se esforzaba por consolidar sus plantaciones de azúcar en la costa brasileña, los exploradores españoles, que ya habían conquistado a los poderosos aztecas de México y a los incas de Perú, avanzaban aún más hacia el sur.

Desde su base en Perú, los españoles comenzaron a marchar en dirección sur hacia la región del actual Chile. Chile resultaría ser una de las regiones más difíciles de colonizar debido a su entorno remoto y aislado, así como a un feroz grupo de lugareños conocidos como los araucanos. Curiosamente, antes de la caída del Imperio inca, los propios incas habían intentado colonizar a sus vecinos del sur en Chile. Durante un tiempo, los incas consiguieron controlar parte de la frontera norte de Chile, pero los araucanos resultaron ser demasiado feroces incluso para los poderosos incas y se resistieron con éxito a ser anexionados al Imperio inca.

Ahora que España había derrotado a los incas y transformado su territorio en el Virreinato del Perú, les tocaba retomar el camino donde los incas lo habían dejado. En realidad, no sería mucho más fácil para los españoles domesticar a los araucanos que para los incas.

El primer europeo que llegó a Chile fue nada menos que el gran explorador Fernando de Magallanes, que rozó la masa terrestre en

1520 durante su intento de circunnavegar el globo. No se supo mucho más de la región hasta que el conquistador Diego de Almagro condujo una banda de aventureros desde Perú hasta la región chilena en 1535.

El grupo de Almagro atravesó el gran desierto de Atacama con dificultad. En 1536, se encontraron en el asentamiento de Copiapó. Aquí, encontraron que tanto el entorno (llovía a cántaros) como el recibimiento por parte de los agresivos lugareños eran inhóspitos. Fue una travesía angustiosa, y solo unos pocos del grupo de Almagro sobrevivieron a la expedición para regresar a Perú en 1537. A pesar de sus descubrimientos, el propio Almagro se enfrentó a las autoridades peruanas y murió entre rejas en 1538.

Sin embargo, la información que había recogido inspiraría nuevos intentos. En 1540, los españoles hicieron un serio esfuerzo por buscar territorio en Chile. Este renovado impulso fue lanzado por Pedro de Valdivia. Valdivia recibió el permiso del propio Francisco Pizarro para buscar nuevas tierras para la corona española. La expedición de Valdivia viajó por el desierto, al igual que Almagro antes que él, y el grupo recorrió este paisaje prohibitivo durante unos meses antes de establecer un campamento base permanente cerca del río Mapocho.

En 1541, este remoto puesto de avanzada contaba con poco más de ochenta valientes. Ese otoño, los colonos sufrieron un revés cuando un grupo tribal local incendió su campamento. Valdivia estaba ausente en ese momento, por lo que no pudo intervenir. La guarnición dentro del asentamiento resistió, gracias en gran parte a la propia amante de Valdivia, una tal Inés Suárez. Es un personaje bastante interesante y merece la pena explorarlo con más detalle.

Inés llegó al Nuevo Mundo desde España en 1537, no en busca de Dios, oro o gloria, sino en busca de su marido. Inés estaba casada con un soldado español que había desaparecido mientras estaba al servicio de Francisco Pizarro. La búsqueda de Inés la llevó a Lima, donde se enteró de que su marido ya había perecido. Podría haber regresado a España, pero decidió quedarse.

Poco después, se unió a Pedro de Valdivia. Acompañó a Valdivia en su primera expedición a Chile, siendo la única mujer que lo hizo. Durante el viaje, a menudo sirvió como enfermera, cuidando de los que habían sucumbido a la enfermedad o habían sufrido heridas. Pero fue durante el fatídico asedio a la guarnición en 1541 cuando esta antigua enfermera tomó una espada y se convirtió en una guerrera, además de guerrera implacable.

La guarnición estaba a punto de ser invadida cuando Inés Suárez tomó el mando del grupo. En el transcurso de la lucha, se dio cuenta de que varios de los prisioneros indígenas que tenían bajo su custodia estaban gritando alegres ánimos a los atacantes fuera de las murallas. Suárez decidió silenciarlos.

Sin dudarlo, Inés ordenó a los soldados españoles que cortaran las cabezas de estos prisioneros de guerra y luego las colocaran en picas que rodeaban el fuerte. También lanzó personalmente las cabezas decapitadas a los atacantes que se acercaban. Por muy crueles, bárbaras y retorcidas que fueran estas acciones, al parecer fueron suficientes para asustar a sus asaltantes, que se sintieron muy desmotivados al ver a sus camaradas masacrados. Retrocedieron y se retiraron de su camino poco después.

Una vez terminado el asedio, el grupo reconstruyó inmediatamente sus refugios. Y esta vez, se aseguraron de construirlo con fuertes adobes fortificados para que fuera más difícil que las llamas lo reclamaran por segunda vez. Este asentamiento se llamó Santiago de Nueva Extremadura, aunque posteriormente se acortó a Santiago. Santiago se convertiría un día en la capital de la actual nación de Chile.

El propio Valdivia regresaría a Perú en 1549 y se convertiría en el gobernador oficial. En 1553, Valdivia dirigió una expedición hacia el sur y entró en conflicto con grupos tribales araucanos en la frontera sur de Chile. Estos guerreros, que habían sido una espina en el costado del Imperio inca mucho antes de la llegada de los españoles, demostraron lo feroces que podían ser.

Lanzaron intrépidos ataques a los españoles y acabaron por vencerlos por completo, a pesar de que los españoles tenían la ventaja de las armas y de ir a caballo. Estos implacables guerreros estaban dispuestos a atacar a su enemigo y despedazarlo con sus propias manos si era necesario. Toda la expedición —Valdivia incluido— fue masacrada. Al enterarse de la muerte de Valdivia, el gobernador del Perú nombró a su propio hijo, don García Hurtado de Mendoza, como nuevo gobernador de Chile.

Don García tenía entonces veintidós años, y llegó al cargo con un poco de presión, ya que sentía la necesidad de llenar los grandes zapatos que había heredado de Valdivia. Ante todo, sentía la necesidad de acabar con la amenaza de los araucanos en la frontera sur de Chile. Fue implacable en su tarea, y en 1558, finalmente persiguió y capturó al líder araucano, Caupolicán. No tuvo piedad y lo sometió a una ejecución pública en la plaza de Cañete.

Aunque Chile tenía su propio gobernador, seguía bajo la supervisión de Perú. Chile, encerrado por las montañas y la larga extensión del océano Pacífico, seguiría siendo una colonia bastante aislada. Cualquier comunicación con la corona española debía pasar por Lima, luego por Panamá, a través del istmo, y tras una escala en La Habana, Cuba, por el océano Atlántico hasta España.

Los colonos latinoamericanos de Chile solían referirse a la región como el «Fin de la Tierra», y para ellos lo era. Como en Chile hacía demasiado frío para cultivar azúcar, su principal cultivo comercial era el trigo. Esto convirtió a Chile en una especie de granero y en una parte integral de las numerosas operaciones mineras de Perú, ya que Chile se convirtió en una fuente de alimento fácilmente disponible para todos aquellos hombres hambrientos en las minas.

Entre 1542 y 1609, los españoles que se asentaron en el norte de Nueva España consolidarían las posesiones en la frontera norte de México (situada en el actual sureste de Estados Unidos). Crearían asentamientos a lo largo de la costa del Pacífico de California en el oeste y en Florida en el este. Sus asentamientos en Florida y en el extremo noroeste de Nueva España harían que los españoles entraran en conflicto con otras potencias europeas competidoras.

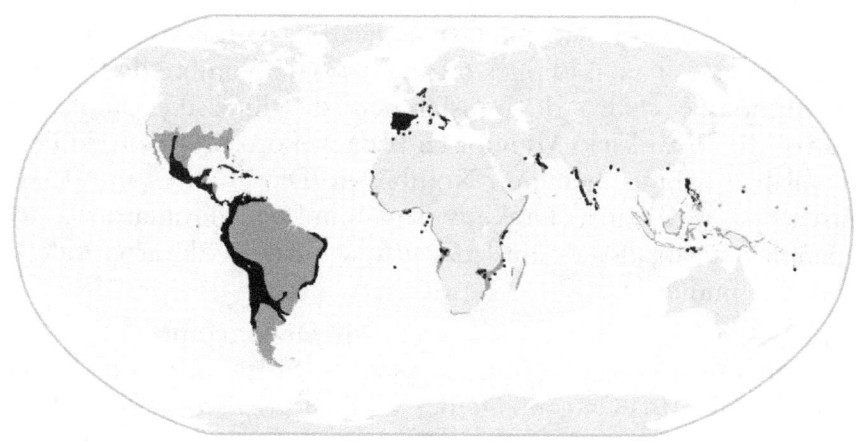

El color más claro muestra las tierras que los españoles y portugueses reclamaron. Los colores más oscuros son los lugares en los que realmente construyeron asentamientos
Nagihuin, CC0, vía Wikimedia Commons;
https://commons.wikimedia.org/wiki/File:SpanishEmpire1606.svg

Los demás países líderes de Europa eran conscientes de los grandes logros que España y Portugal habían conseguido en el Nuevo Mundo. Inglaterra había enviado su primera expedición a las Américas bajo el mando del marino italiano John Cabot en 1497. Cabot tocó tierra en Canadá, haciendo la primera reclamación en esa región, no para América Latina, sino para lo que se convertiría en la América del Norte dominada por los anglosajones.

Francia, por su parte, llegó por primera vez a Norteamérica en 1534. Los holandeses llegarían mucho más tarde, estableciendo por primera vez una base de operaciones a lo largo del Hudson en 1615, en la costa noreste de lo que un día sería parte de Estados Unidos. Pero fue en el Caribe donde los españoles tuvieron más conflictos con sus rivales europeos.

En sus esfuerzos por impedir que otras potencias europeas accedieran al Nuevo Mundo, España fomentó inadvertidamente el desarrollo de los piratas en alta mar. Dado que a Inglaterra y Francia se les negaba el acceso a nivel oficial, empezaron a contratar corsarios, aventureros renegados que hicieran el trabajo sucio por ellos. El corsario inglés sir Francis Drake, por ejemplo, aterrorizó a los españoles durante las décadas de 1570 y 1580.

Drake tendía emboscadas a los barcos españoles e incluso asediaba los asentamientos españoles. En particular, Drake y sus compañeros corsarios (o piratas) saquearon las hordas de tesoros españoles en Panamá. El puesto panameño de Nombre de Dios era un importante centro de transferencia de riqueza española del Nuevo Mundo al Viejo Mundo. La plata y el oro preciosos de Perú se apilaban habitualmente en Nombre de Dios, a la espera de ser entregados a España. Drake y sus hombres abrumaron a los españoles encargados de trasladar este tesoro y se llevaron todo el botín que pudieron.

Los españoles consideraban a Francis Drake como un pirata y una gran amenaza para el Imperio español. El rumor de que Drake había descubierto el largamente buscado paso del Noroeste en 1579 hizo que los exploradores españoles se lanzaran a recorrer los límites del noroeste de sus dominios para buscarlo ellos mismos. El rumor resultó ser falso, pero inspiró nuevas exploraciones de las fronteras septentrionales de las posesiones americanas del Imperio español.

Esto condujo a nuevas expediciones al norte del Río Grande en la década de 1580. Como resultado, los españoles pronto tuvieron contacto directo y conflictos con la tribu de nativos americanos conocida como Pueblo. Los españoles lograron someter fácilmente a los habitantes locales y anexionaron oficialmente el territorio a la Nueva España en 1598. Esta región se conocería como Nuevo México.

Esta enorme porción de territorio que los españoles habían esculpido comprendía parte o la totalidad de varios de los actuales estados de EE. UU. El territorio incluía el actual estado de Nuevo México, por supuesto, pero también Arizona, Kansas, Oklahoma, Texas, Colorado e incluso Utah. El núcleo principal de la región era el asentamiento de Santa Fe, que se estableció en 1609.

La frontera española en Florida también se vio impulsada a expandirse por la presión externa cuando, a principios de la década de 1560, los franceses consiguieron establecer su propio pequeño asentamiento en la costa norte de Florida. Esto llevó a los españoles a consolidar sus posesiones en el Panhandle de Florida. Esto supuso una expedición que expulsó a los franceses, y los españoles fundaron la ciudad de San Agustín como baluarte contra futuras incursiones francesas. San Agustín se fundó en 1565 y es el asentamiento europeo más antiguo ocupado de forma continua en los actuales Estados Unidos. Desde su base en San Agustín, se lanzarían otras expediciones de exploración hasta la actual Georgia y a lo largo de la costa hasta la bahía de Chesapeake.

Mientras tanto, California se desarrollaba como puerto de escala para la flota española que regresaba de la colonia de Filipinas en el Pacífico. En la vasta red del Imperio español, Filipinas se estaba convirtiendo rápidamente en un depósito de riquezas de Asia Oriental que luego se enviaban a América Latina. California se consideraba un nodo natural en esta larga red de riquezas. Aquí, los marineros que llegaban de largas travesías por el Pacífico podían descansar y las riquezas que traían podían ser procesadas por los funcionarios españoles.

Teniendo en cuenta este desarrollo de California, en 1596 se fundó La Paz en la parte baja de Baja California, y en 1602 se exploró ampliamente la costa alta. Como en el caso de Florida, también aquí los españoles trataron de establecer una fuerte presencia para frustrar cualquier intento de los forasteros de afianzarse en la costa occidental.

Los asentamientos en Sudamérica continuarían mientras se seguía explorando Norteamérica. En 1561, los exploradores cruzaron los Andes en Chile hasta la actual Argentina. Y la futura capital de Venezuela, Caracas, en el extremo norte del continente sudamericano, fue colonizada en 1567. Las posesiones españolas se extendieron también a Colombia y Ecuador. Ecuador, curiosamente, recibe su nombre por encontrarse en la línea ecuatorial.

La capital de Ecuador, Quito, es la más antigua de Sudamérica. En 1541 se utilizó como campamento base para la mayor expedición de la época: la exploración del enorme río Amazonas. El conquistador Gonzalo Pizarro dirigió esta expedición con los habituales incentivos de oro y gloria en su mente. De hecho, se dice que Gonzalo buscaba la legendaria El Dorado, la «ciudad del oro».

Se ha hecho mucho romanticismo sobre la búsqueda de un paraíso mítico por parte de estos exploradores españoles. Pero en realidad, teniendo en cuenta su historial, solo se puede hacer la cínica suposición de lo que habrían hecho estos conquistadores en caso de haberla encontrado. Sin duda, habrían derrocado a los dirigentes, como hicieron con los aztecas y los incas, y luego habrían saqueado a los legendarios habitantes de El Dorado por todo lo que valían. Si los ciudadanos de El Dorado existieron realmente, sin duda era mejor no encontrarlos nunca.

Curiosamente, algunos gobernantes mantuvieron vivo el mito de El Dorado solo como medio para deshacerse de los alborotadores demasiado ambiciosos. Siempre se corría el riesgo de tener demasiados conquistadores ambiciosos, jóvenes y ociosos que agitaban la gloria y daban problemas a los gobernadores locales. Así que, ¿qué mejor manera de quitárselos de encima que hablarles de una extraordinaria ciudad de oro escondida en las selvas del Amazonas a la espera de ser encontrada y conquistada?

En cualquier caso, a lo largo de todas estas excursiones de El Dorado, se exploró gran parte del río Amazonas y la cuenca amazónica circundante. Gonzalo Pizarro y compañía dirigieron una expedición de un par de cientos de hombres en el afluente superior del Amazonas y terminaron, literalmente, en el centro de las cosas.

Se dice que el follaje de la selva río abajo era tan espeso y cubierto de maleza que no se podía llegar muy lejos «sin tener que emplear golpes de hacha» contra la vegetación. En algún momento, la expedición se convirtió en una empresa de dos partes, con un grupo dirigido por Pizarro y el otro dirigido por Francisco de Orellana. Pizarro y sus hombres acabaron teniendo que abortar su misión y encontraron el camino de vuelta a Quito «casi muertos de hambre» y en grandes apuros en el año 1542.

Pero la misión de Orellana continuó río abajo. Terminó viajando tan lejos por el río, de hecho, que la corriente se volvió demasiado poderosa. Él y sus hombres no pudieron regresar. Orellana había llegado literalmente al punto de no retorno. Durante su viaje por el río. Orellana fue testigo de muchas cosas nuevas y extrañas. Por ejemplo, pasó por un pueblo en el que supuestamente vio un gran contingente de mujeres guerreras que blandían lanzas. La visión de estas luchadoras hizo que Orellana bautizara el río como «Amazonas» en honor a las guerreras amazónicas de la leyenda griega. Finalmente, el grupo siguió el río hasta el Atlántico y pudo navegar hasta los puertos españoles del Caribe. En ese momento, la exploración de América Latina parecía haber cerrado el círculo. Todo comenzó en el Caribe con Colón en 1492, y ahora, después de atravesar toda la extensión del río Amazonas, los exploradores europeos estaban de vuelta en el punto de partida del descubrimiento de América Latina.

En Brasil, los colonos consiguieron establecer su primer gobernador general oficial de Brasil, que administraría toda la colonia. El hombre elegido para este cargo en 1549 fue un noble portugués bien establecido llamado Tomé de Sousa. Tomé de Sousa ya tenía una valiosa experiencia en el extranjero, ya que se ocupaba de las avanzadas portuguesas en la India y África. Se lo consideraba una elección perfecta para el papel de lo que era esencialmente una versión portuguesa de los virreyes de España.

Tomé de Sousa construyó su colonia siguiendo un modelo muy similar al de las aglomeraciones coloniales españolas en América. A su llegada, se instaló en el estado brasileño de Bahía, donde trajo mil colonos portugueses que llenarían las filas de la administración pública, servirían como misioneros y cumplirían otras funciones vitales de la sociedad. El nuevo gobernador también supervisó la construcción de una nueva flota doméstica que tenía el propósito específico de transportar azúcar. El azúcar, por supuesto, sería la principal exportación de la colonia de Brasil.

Además de consolidar estas posesiones, uno de los principales objetivos de Tomé de Sousa era asegurarse de que los franceses no invadieran el territorio portugués. La piratería francesa en las costas brasileñas era una amenaza real, y Tomé de Sousa se aseguró de que todos los colonos estuvieran atentos a las incursiones francesas.

Tomé de Sousa también trató de inculcar un código de leyes uniforme en todas las colonias, ya que las regiones tenían una estructura civil bastante caótica. Esto se consiguió distribuyendo a todos esos funcionarios mencionados por todo el reino para hacer cumplir leyes uniformes en todo Brasil.

Además, Tomé de Sousa permitió la primera introducción de misioneros jesuitas en la región. Estos desempeñaron un papel importante en la conversión de los indígenas al cristianismo, lo que tuvo un impacto significativo en sus relaciones con los colonos. Tomé de Sousa fue responsable del establecimiento de Dom Pero Fernandes Sardinha, que se considera el primer obispado de Brasil.

Justo antes de que Tomé de Sousa dimitiera y fuera sustituido por Duarte da Costa como gobernador, Tomé tomó la fatídica decisión de sugerir a su sucesor que estudiara la posibilidad de convertir Río de Janeiro en la capital de Brasil. Los portugueses conocían la región desde que desembarcaron por primera vez en la bahía de Guanabara en 1502. Sin embargo, desde entonces los franceses se habían establecido en varias islas de la bahía. A principios de la década de 1550, se calcula que había unos quinientos colonos franceses en la región. Esto suponía un gran problema para la consolidación portuguesa de la bahía. Sin embargo, Duarte da Costa no duraría mucho como gobernador antes de ser sustituido por Mem de Sá.

Mem de Sá pasó a la ofensiva contra los franceses, liderando un asalto naval contra ellos en 1560. Su fuerza consistía en unos veintiséis barcos y más de dos mil marineros. Esta fuerza expulsó a los franceses de sus posesiones en la bahía de Guanabara. El incipiente asentamiento francés, que había sido bautizado provisionalmente como France Antarctique, fue finalmente rebautizado como Río de Janeiro el 1 de enero de 1565. La palabra «Janeiro» significa en realidad «enero» en portugués. Así que, sí, la ciudad de Río de Janeiro, que está situada en la desembocadura de una bahía que fluye como un río hacia el Atlántico, fue bautizada esencialmente como «Río de Enero».

Por cierto, no todos los franceses fueron expulsados en esa época, ya que algunos se escabulleron hacia el desierto del continente, ayudados por sus aliados indígenas. Los portugueses tendrían que sofocar insurgencias francesas esporádicas durante los dos años siguientes, antes de que los franceses sufrieran una derrota duradera en 1567 y se vieran obligados a abandonar Brasil para siempre. La colonia portuguesa siguió creciendo y prosperando, y en el año 1600 se calcula que había unos veinticinco mil colonos portugueses en la región.

Pero este no sería el fin de la invasión territorial por parte de otras potencias extranjeras. Treinta años después, en 1630, los holandeses aparecieron en las costas del norte de Brasil y consiguieron apoderarse de la región de Pernambuco. Sí, la región rica en paubrasilia teñida de rojo, que había hecho famoso a Brasil, estaba bajo el asalto directo de los holandeses.

A lo largo del siglo XVII, los holandeses se alzarían como el máximo antagonista de los portugueses y amenazarían las posesiones portuguesas en lugares tan lejanos como las islas de las

Especias de Indonesia. Esta compañía de mercaderes no solo estaba financiada por los holandeses, sino también por otras potencias extranjeras que tenían intereses financieros y políticos en que los holandeses triunfaran.

Los portugueses desarrollarían una aguda rivalidad con los holandeses, por no decir otra cosa, pero aun así, no fueron capaces de reunir inmediatamente una fuerza suficiente para expulsar a los holandeses. Las posesiones holandesas en la costa norte se mantendrían hasta 1654. Hasta entonces, los holandeses fueron decisivos en la interrupción de la industria azucarera de Brasil. Y en medio de esta lucha de poder, se estableció una especie de refugio para los esclavos que buscaban liberarse del trabajo pesado de las plantaciones azucareras portuguesas.

Estos luchadores por la libertad consiguieron crear una especie de república independiente en esta disputada región llamada Palmares. Su nombre se debe a la abundancia de palmeras en la región. Palmares seguiría siendo una región autónoma de Brasil hasta 1694. Y no fue por falta de intentos por parte de los portugueses. De hecho, los portugueses enviaron dos expediciones fallidas a Palmares, una en 1680 y otra en 1686.

En su apogeo, Palmares era un bullicioso estado nacional por derecho propio, con una población de treinta mil personas. Esta zona autónoma brillaba como un faro de esperanza para todos los que trabajaban en las plantaciones cercanas. Incluso después de la caída del gobierno organizado de Palmares, varios enclaves remotos permanecerían como zonas seguras para los que buscaban la libertad durante muchos años.

Por cierto, fue en esta época cuando empezaron a cambiar las prioridades en la colonización portuguesa de Brasil. Al acercarse el nuevo siglo, los mineros portugueses empezaron a encontrar oro en el interior de la colonia. Al darse cuenta de que el oro podía sustituir al azúcar como el recurso más preciado de Brasil, las plantaciones de azúcar de la costa empezaron a pasar a un segundo plano frente a las operaciones mineras que se realizaban en el interior.

Este cambio llevó a la fundación de varias ciudades mineras, como Vila Rica (ahora conocida como Ouro Preto). Muchos inmigrantes europeos llegaron a ciudades como Vila Rica, con la esperanza de hacerse ricos. Los mineros que llevaban tiempo en la zona empezaron a sentir antipatía por los recién llegados. Los mineros establecidos se burlaban del pulcro estilo de vestir de los recién llegados y comenzaron a referirse a ellos como *emboabas*, que literalmente significa «pantalones elegantes».

Junto con los recién llegados de Europa, muchos de los antiguos propietarios de plantaciones de azúcar empezaron a cambiar de marcha y a dedicarse al negocio de la minería. Lamentablemente, esto significó que empezaron a cambiar la mano de obra de sus esclavos del riguroso trabajo del cultivo del azúcar al trabajo quizás más arduo (por no decir más peligroso) de la minería.

La extracción de minerales preciosos en el interior del país ayudó a cohesionar económicamente a Brasil. Todo empezó a girar en torno a las minas. En el asentamiento de São Paulo, por ejemplo, el negocio de la cría de mulas cobró importancia como medio de abastecer a los mineros del norte con animales de carga para las minas.

Mientras tanto, de vuelta a la esfera de influencia española, la región de la actual Bolivia demostró ser otro boom minero. Antes de la formación del actual estado independiente de Bolivia, la región se llamaba Caracas y era administrada por el virreinato de Lima. A veces se denominaba a esta región como el Alto Perú, y en general se la consideraba un remoto lugar de remanso. Sin embargo, en 1545, cuando se estableció el asentamiento de Potosí, se convirtió en un importante centro de minería.

A principios del siglo XVII, las minas de Potosí producían una gran cantidad de plata que llenaba aún más las arcas españolas. Fue un verdadero boom minero, comparable a la fiebre del oro de 1848 en California. A medida que los recursos y la mano de obra se dirigían a la región, la población de Potosí aumentó a 114.000 personas en 1611.

Pero aunque las riquezas llegaban a España literalmente en barco, la población indígena sufría mucha miseria, ya que a menudo se veía obligada a trabajar durante largas y agotadoras horas en instalaciones mineras profundas, oscuras y traicioneras. El descontento con el statu quo de condiciones tan duras como estas acabaría fomentando y promoviendo la rebelión en toda América Latina.

Capítulo 5 - El movimiento hacia la independencia de América Latina

Si algún país de América Latina tenía predisposición a la independencia, era la nación de Paraguay. La nación de Paraguay estaba alejada y en la periferia de la autoridad europea desde que la región fue explorada por primera vez por los conquistadores españoles en la primera mitad del siglo XVI. La región ha sido descrita como una «isla rodeada de tierra». Se llama así porque no tiene salida al mar, pero su geografía y entorno son tan singulares que realmente se presenta como una gran isla sin salida al mar.

La vegetación es densa y la fauna es muy diversa. Paraguay puede presumir de ser la patria del roedor más grande del mundo, el enorme capibara. Este animal parece un extraño cruce entre una cobaya y un poni. Antes de que los españoles se infiltraran, las tierras salvajes de Paraguay estaban habitadas por el pueblo guaraní. Su influencia es imposible de ignorar, ya que, incluso después de siglos de colonización española, el guaraní seguiría siendo una segunda lengua vital en la región.

El primer asentamiento y futura capital de la región, Asunción (en honor a la Asunción de la Virgen, fiesta de la tradición católica), se estableció en 1537. Poco después de la creación de la capital paraguaya, Asunción, un hombre llamado Domingo Martínez de

Irala fue nombrado gobernador de la región. Esta gobernación no contaba con el apoyo de la corona española, sino que fue puesta en marcha de forma espontánea por los propios colonos. Esto demuestra por sí solo el sorprendente grado de independencia de este asentamiento remoto y de difícil acceso en medio de la naturaleza.

Irala convivió de forma bastante pacífica con los guaraníes locales e incluso se casó con siete hijas de un cacique guaraní. No está muy claro cómo cuadraba este acto de poligamia con la fe católica de Irala, pero parece que se convirtió en una especie de noble guaraní a los ojos de los lugareños y en una figura que literalmente se casó con sus tradiciones y su cultura.

Por eso, cuando España envió al estadista español Cabeza de Vaca para que fuera un gobernador oficialmente aprobado, fue recibido con poco entusiasmo. Cabeza de Vaca llegó a Paraguay para asumir el cargo de gobernador en marzo de 1542. Dado que Irala ya había gobernado (extraoficialmente) el lugar durante los últimos años, los colonos no estaban muy entusiasmados al ver que se les imponía un nuevo liderazgo desde lejos.

Sí, desde el principio de la colonización de Paraguay, hubo un gran resentimiento entre la colonia y sus supervisores coloniales en España. Y desde 1542, los colonos parecían estar en desacuerdo con la autoridad real. Desde el principio de la gobernación de Cabeza de Vaca, hubo graves discordias.

Por un lado, Cabeza de Vaca siguió la prerrogativa real con la que había sido enviado e intentó rehacer la fundación de todo el asentamiento. Se le dijo que creara un nuevo asentamiento en la desembocadura del Plata por el río Paraguay, ya que las autoridades españolas pensaban que sería una mejor ubicación. Pero la corona española estaba intentando reinventar la rueda, ya que los colonos ya habían intentado salir de la zona salvaje y alejarse río abajo, con resultados desastrosos. Sabían que no funcionaría.

Por lo tanto, incluso después de que el gobernador intentara implementar el desarrollo de un nuevo asentamiento en esa dirección, los colonos se negaron rotundamente a hacerlo. Y finalmente, el gobernador Cabeza de Vaca tuvo que renunciar al plan. Terminó estableciendo una corte improvisada, que era esencialmente su edificio de administración real, allí mismo, en el asentamiento salvaje de Paraguay.

Desde este puesto de avanzada, el nuevo gobernador comenzó a tomar medidas y trató de restringir las prácticas locales que, a su juicio, estaban fuera de los límites de la ley española y católica. Y lo primero que intentó abolir de inmediato fue la poligamia que se había practicado comúnmente entre los hombres españoles y las mujeres guaraníes locales. Dado que el nuevo gobernador pretendía obligar a los colonos a, bueno, a falta de un término mejor, conformarse con una sola esposa, esto naturalmente avivó su hostilidad contra él.

Pero, ¿por qué estaban tan enfadados por verse obligados a contraer matrimonios exclusivamente monógamos? No se trataba de que estos hombres fueran especialmente lujuriosos y desearan tener más de una compañera, aunque ciertamente eso podría haber influido. También buscaban estas uniones polígamas por razones más prácticas. Vivir en el agreste desierto y tener más de una esposa significaba que los hombres tenían más de una compañera para ayudar en la vida doméstica. Era más fácil ocuparse de las tareas en la antigua granja cuando había tres esposas que ayudaban en lugar de una sola. Asimismo, más de una esposa acabaría trayendo a estos colonos paraguayos muchos hijos. Y como era la práctica universal de la época, el tener más hijos significaba más manos para trabajar el campo. Las uniones polígamas también ayudaron a los colonos a solidificar varios vínculos complejos con las familias indígenas locales.

Cuando el gobernador definió más estrictamente los términos del matrimonio, amenazó con romper estos delicados hilos de conexión. Las presiones ejercidas sobre los colonos para que abandonaran a sus esposas desencadenaron una rebelión total contra el gobernador. Mientras el gobernador estaba de viaje en el cercano Pilcomayo, los colonos locales, sus esposas y otros ingeniosos aliados decidieron que era el momento de levantarse contra su opresor.

Cuando el gobernador regresó al asentamiento, fue apresado y metido en la cárcel del pueblo. Permanecería allí durante varios meses mientras los colonos construían un barco para enviarlo de vuelta a España. Y, aunque parezca cómico, eso es exactamente lo que hicieron. Cuando la construcción del barco estuvo terminada, el gobernador fue liberado y llevado a la cubierta del barco. Luego fue enviado a España.

Como se puede imaginar, el rey español quedó bastante sorprendido por estos hechos. Pero, al parecer, fue lo suficientemente sabio como para darse cuenta de que el sentimiento popular estaba con los colonos, y la vida sería mucho más fácil para él si simplemente accedía a algunas de sus demandas. Se impidió que el despreciado gobernador regresara al asentamiento y se le apartó discretamente. Fue nombrado para un desconocido puesto en Sevilla, España.

Mientras tanto, Irala regresó al asentamiento y fue elegido de nuevo gobernador. Ocupó este cargo hasta su muerte en 1556. Aunque la colonia seguía formando parte técnicamente del Imperio español, el espíritu independiente mostrado por Irala y los colonos de Paraguay fue bastante evidente desde el principio. Y la singular tradición de que los paraguayos pudieran elegir a su propio gobernador continuaría tras la marcha de Irala, así como la divergencia de actitudes culturales entre los colonos latinoamericanos de ascendencia española y sus primos europeos de la península ibérica.

Los sacerdotes jesuitas comenzaron a establecer misiones en la región. Hacia 1600, los jesuitas trabajaban activamente para llegar a los guaraníes locales. Su motivo obvio, por supuesto, era convertirlos al cristianismo, pero los jesuitas adoptaron un enfoque muy radical. Establecieron comunas para los guaraníes locales, que administraban ellos mismos. En ellas, no solo instruían a sus alumnos en la fe cristiana, sino que también les daban una educación general para leer y escribir en español, así como un curso intensivo de matemáticas. También trataban de inculcarles valiosas habilidades comerciales, como los diferentes estilos de agricultura, la marroquinería y la producción textil.

A diferencia de los esfuerzos coercitivos de otros, esta orientación no se proporcionaba para explotar la mano de obra guaraní. Al contrario, los sacerdotes trataban de enseñarles habilidades valiosas para que pudieran posicionarse mejor para ser más independientes. Los sacerdotes estaban preocupados por el bienestar de sus nuevos conversos frente a la opresión española (especialmente el trabajo forzado), por lo que finalmente comenzaron a trabajar para la creación de una provincia indígena/cristiana semiautónoma como refugio seguro para los guaraníes, totalmente libre de la depredación exterior.

En su apogeo, este enclave protegido por los jesuitas llegó a albergar más de 30 misiones jesuitas y más de 100.000 miembros de la tribu guaraní. Estaban dirigidas por catorce mil sacerdotes. Esta zona autónoma demostró ser capaz de defenderse en varias ocasiones. De hecho, se rechazaron los intentos de asalto a este enclave guaraní gestionado por los jesuitas por parte de los asaltantes de esclavos procedentes del cercano Brasil.

La zona autónoma se mantuvo prácticamente intacta hasta 1767, cuando el rey español Carlos III decidió reprimir la provincia independiente, enviando tropas españolas y expulsando a los jesuitas de la región. Las misiones fueron desmanteladas o tomadas por colonos agresivos, y los guaraníes volvieron a ser objeto de explotación e incluso de esclavitud.

El siguiente incidente importante de independencia en el continente sudamericano ocurriría en el cercano Perú. En 1780, un descendiente de los incas conocido como Túpac Amaru II lideró un levantamiento popular contra la administración española. Como algunos lectores habrán adivinado, Túpac Amaru II tomó su nombre en honor del líder inca caído en desgracia, el Túpac Amaru original.

Además de aprovechar el prestigio del fallecido líder inca, una de las facetas más interesantes de la rebelión de Túpac Amaru II fue que trató de incluir no solo a aliados indígenas, sino también a colonos de ascendencia europea (a menudo conocidos como criollos) y todas las combinaciones multiculturales intermedias. En esencia, su rebelión no era solo una rebelión inca revivida, sino una insurgencia que fusionaba a todos los habitantes nativos de la región, y los enfrentaba a sus capataces españoles en la lejana España y a los funcionarios españoles recién llegados de la península ibérica.

Pero la élite peruana y la corona española no iban a quedarse de brazos cruzados ante esta revuelta y se produjo un enfrentamiento titánico. La guerra fue terrible, devastó comunidades y dejó más de 100.000 muertos. El propio Túpac Amaru II fue detenido y ejecutado. Y su forma de ejecución fue la más cruel que se pueda imaginar. Fue literalmente descuartizado.

Las autoridades españolas llevaron a Túpac Amaru II a la plaza del pueblo e hicieron atar un caballo a cada uno de sus brazos y piernas. Los caballos fueron enviados a correr hacia las cuatro esquinas de la plaza. El plan para arrancarle los brazos y las piernas no funcionó del todo como estaba previsto, sino que acabó por dislocarle gravemente las extremidades y la pelvis. Túpac Amaru II fue finalmente decapitado y se le cortaron los brazos y las piernas.

No solo nos parece horrible leer este tipo de sucesos a día de hoy, sino que también tuvo un gran impacto en aquella época. Y la naturaleza extrema de estas ejecuciones y represalias draconianas probablemente dañó más la imagen de la corona española que la propia rebelión. Al final, la rebelión de Túpac Amaru II fracasó, pero sus esfuerzos no fueron olvidados. Incluso hoy en día, se destaca como una figura heroica y abanderada de la libertad en América Latina.

En muchos sentidos, esta primera gran revuelta sentó las bases y preparó el modelo para el resto de las guerras de independencia. Técnicamente, el primer país latinoamericano que obtuvo su plena independencia fue Haití. Por supuesto Haití no estaba controlado por España ni por Portugal, sino que era uno de los pocos puestos de avanzada que quedaban de ese otro eslabón del rompecabezas latinoamericano: Francia.

Sin embargo, la revolución haitiana no fue un gran modelo, sino más bien un dramático caso aislado. Los franceses nunca tuvieron muchos colonos en la región, y la mayor parte de la población estaba formada por esclavos importados de África para trabajar en las plantaciones de caña de azúcar. Haití estaba en la periferia del gobierno francés y, a principios del siglo XIX, Francia estaba totalmente distraída por las guerras napoleónicas, en las que el dictador francés Napoleón Bonaparte dirigía a sus compatriotas en batallas apocalípticas por toda Europa.

En medio de todo esto, los haitianos nativos decidieron deshacerse de sus supervisores franceses. Se levantaron y lanzaron con éxito una revolución. Los franceses se encontraban en un estado tan caótico que no pudieron reunir suficientes fuerzas y voluntad para acabar inmediatamente con los luchadores por la libertad. Y después de que las tropas francesas fueran rechazadas de la isla en 1803, los franceses se lavaron las manos y renunciaron a toda esperanza de recuperarla.

El líder francés, Napoleón Bonaparte, había alterado enormemente el orden mundial con sus esfuerzos por conquistar Europa. Lo más dramático de todo es que en 1807, justo antes de la invasión y ocupación de las tropas francesas en Portugal, toda la corte portuguesa tomó la fatídica decisión de evacuar y trasladarse a la capital brasileña de Río de Janeiro.

El cambio fue realmente dramático, ya que Brasil dejó de estar en la periferia. De hecho, convirtió a Brasil en la pieza central de una identidad portuguesa libre e independiente. Pero quizá lo más importante es que convirtió a Brasil en el centro del comercio. En el pasado, los bienes comerciales se enviaban principalmente a Portugal. Pero ahora que Brasil era la base portuguesa, las mercancías se desviaban hacia el propio Brasil. Los bienes importados a Brasil se volvieron más extendidos, accesibles y mucho más baratos, ayudando en gran medida a la mejora de la vida de los que llamaban a Brasil su hogar.

El centro del poder acabaría volviendo a Portugal en 1821, pero para entonces, los habitantes de Brasil no estaban dispuestos a volver al statu quo servil del pasado. Querían seguir siendo el centro de su propio desarrollo. Este deseo de independencia se proclamaría el 7 de septiembre de 1822.

Pero en lugar de convertirse en una república independiente, como fue el caso de gran parte del resto de América Latina, Brasil eligió un camino diferente. Aunque Brasil se desprendió del poder colonial de Portugal, optó por adoptar a un miembro de la familia real portuguesa —el príncipe Pedro— como su propio monarca. Tras la declaración de independencia de Portugal, el príncipe Pedro fue aclamado como emperador de Brasil.

Los combates con las tropas leales al rey de Portugal continuarían durante los dos años siguientes, pero no había forma de que estos asediados restos de la autoridad portuguesa pudieran resistir mucho más tiempo. En marzo de 1824, se rindieron a los nuevos brasileños independientes. Hay que hacer esta distinción porque esta fue la coyuntura crítica en la que los residentes de Brasil que antes habían sido leales a Portugal dejaron de identificarse como portugueses para pasar a ser brasileños, un pueblo separado de sus antepasados europeos. Y el rey portugués tuvo que aceptar finalmente esta realidad, dando su reconocimiento oficial a la nueva nación independiente de Brasil el 29 de agosto de 1825.

Para los sectores hispanohablantes de América Latina, la marcha hacia la libertad de una potencia de ultramar no sería tan fácil. Hay que tener en cuenta que muchos de los habitantes de las colonias controladas por España se inspiraron en las dos grandes revoluciones que tuvieron lugar a finales del siglo XVIII. Tanto la Revolución estadounidense como la Revolución francesa ocupaban un lugar destacado en las mentes de los posibles revolucionarios latinoamericanos. La Revolución de Haití también desempeñó un papel importante. El revolucionario latinoamericano Simón Bolívar, por ejemplo, se refugió en Haití. También tuvo como mentor a la lumbrera haitiana Alexandre Pétion, que ejerció una gran influencia sobre él.

Desde la Declaración de Independencia de Estados Unidos en 1776, la creación de los Estados Unidos de América sirvió de gran inspiración para quienes deseaban deshacerse de un poder colonial. Esta fue la primera gran revolución en las Américas, y serviría de modelo para lo que vendría. Sin embargo, la Revolución francesa (y, como consecuencia directa, la Revolución haitiana) tuvo un efecto más inmediato en los revolucionarios latinoamericanos, ya que puso en aprietos a los amos coloniales de América Latina.

Como se ha dicho, toda la corte portuguesa tuvo que refugiarse en la colonia sudamericana de Brasil. España, por su parte, tendría un monarca títere, que no era otro que el propio hermano de Napoleón, José Bonaparte. Para entender cómo los franceses lograron este golpe de Estado a costa del pueblo español, es necesario un poco de antecedentes.

En 1808, mientras las guerras napoleónicas hacían estragos, el rey Carlos IV de España ocupaba el trono español. El rey Carlos IV es considerado generalmente como una figura bastante mediocre. Se lo conoce principalmente por haber sido «intimidado» por su esposa para que nombrara a Manuel de Godoy como primer ministro. Aunque Godoy era popular entre los nobles, al parecer no estaba a la altura de la tarea.

Godoy solo tenía veinticinco años en ese momento, y tenía una clara falta de experiencia para el papel que se le había encomendado. En lugar de forjar adecuadamente una buena política para el Imperio español, Godoy estaba más interesado en mostrar su influencia. Realizó sobornos y nombramientos clientelares, uno de los cuales fue el nombramiento de un igualmente inexperto pero elitista llamado José de Iturrgaray como virrey de México.

Debido a la presión del pueblo español, que estaba harto de toda la corrupción y el amiguismo que se producía en el Imperio español, Carlos IV decidió que lo mejor era dimitir y que su hijo, Fernando VII, le sucediera. Esto se consideró un paso importante para combatir la ineptitud y la corrupción de Godoy, ya que Fernando era un crítico declarado de la administración del reino por parte de Godoy.

El 19 de marzo de 1808, Carlos IV se quitó la corona y se la entregó a su hijo. Carlos IV se dirigió discretamente a una finca cercana a la frontera francesa, donde pensaba pasar su retiro. Fue entonces cuando el maestro estratega Napoleón Bonaparte ideó un plan para capturar a todo el Imperio español.

Napoleón envió una invitación al antiguo rey para que le hiciera una visita en Francia. Parece casi absurdo en retrospectiva, pero Carlos IV aceptó. Parece que tenía un motivo oculto, ya que esperaba que Napoleón lo ayudara a volver al trono español. A su llegada, Napoleón se las arregló para convencer y/o presionar al antiguo rey para que firmara una declaración, que esencialmente le hacía denunciar su decisión de abdicar del trono.

Mientras esto ocurría, el monarca reinante en España —Fernando VII— fue igualmente persuadido para visitar a Napoleón. En su caso, parece que llegó a la corte de Napoleón con la esperanza de obtener el apoyo militar francés. Sin embargo, lo único que consiguió Fernando fue ser detenido. Fue convertido en rehén real oficial de los franceses. Una vez más, parece un poco absurdo que cualquiera de los dos miembros de la realeza aceptara visitar a Bonaparte, que ya estaba dominando Europa. Pero esto es lo que aparentemente sucedió.

Una vez que Fernando VII estuvo en las garras de Bonaparte, pudo hacer que su propio hermano, José Bonaparte, fuera instalado a la fuerza como nuevo rey de España. Y si alguien se oponía, Napoleón podía simplemente alegar que Fernando VII era un usurpador del trono, ya que tenía un documento firmado por el anterior rey, Carlos IV, que denunciaba su abdicación.

Napoleón era, en efecto, un maestro de la estrategia en más de un sentido. Si alguien ponía en duda la legalidad de sus motivos, siempre tenía algún truco bajo la manga para justificar sus acciones. Sin embargo, a pesar de todas estas argucias, no iba a convencer al pueblo español de que aceptara todo esto. Y hubo una fuerte resistencia casi desde el principio.

El hermano de Napoleón, José Bonaparte, era odiado por los españoles y se enfrentaba a constantes insurrecciones internas contra su gobierno. Estas insurgencias se convertirían en parte de la lucha conocida como la «guerra peninsular». Con la ayuda de los británicos, estos rebeldes españoles pudieron recuperar partes de su país en una especie de Reconquista rápida, por así decirlo. Se apoderaron de varias regiones y crearon organismos administrativos llamados juntas para recuperar el control.

Los insurgentes actuaban en nombre del depuesto monarca español, Fernando VII, que se encontraba en una celda de la prisión bajo vigilancia francesa. Sin embargo, fue un largo camino, y no fue hasta que la Francia napoleónica se enfrentó a varios reveses militares, como las pérdidas ante los ejércitos británico y portugués, y una invasión fallida de Rusia, que los franceses fueron finalmente expulsados de España en 1814.

Las colonias españolas durante este periodo estaban comprensiblemente inquietas. Cuando el gobernante títere y usurpador José Bonaparte se sentó en el trono, la mayoría no consideraba legítima la corona española. Por ello, era mucho más atractivo ignorarla completamente. Curiosamente, muchos incluso siguieron el modelo de los insurgentes españoles en la península y comenzaron a crear sus propios focos de resistencia, estableciendo juntas administrativas revolucionarias propias.

Este fue el primer caso de rebelión contra un monarca ilegítimo en España. Pero la situación se convertiría rápidamente en un llamamiento a la independencia de las colonias del gobierno de todos los monarcas de ultramar. Así, cuando Napoleón fue finalmente derrotado y su hermano José Bonaparte depuesto, el legítimo rey español, Fernando VII, fue restituido. Sin embargo, le sería muy difícil volver a meter en la botella al genio independentista que América Latina había soltado.

Venezuela lideró estos movimientos independentistas. Fue allí donde un revolucionario llamado Francisco de Miranda lideró el impulso para establecer la Primera República de Venezuela en 1811. Tras la creación de esta república, el 7 de julio de 1811, se inició lo que sería la guerra de la Independencia de Venezuela.

La incipiente república venezolana estaba fundamentalmente fracturada desde el principio. Venezuela estaba dividida en varias facciones basadas en diferencias culturales locales y aspiraciones ideológicas. Los diversos revolucionarios venezolanos estaban unidos en su empeño por librarse del yugo de la España imperial, pero aparte de eso, a menudo tenían muy poco en común entre sí.

También había algunas facciones leales entre ellos que estaban totalmente en contra de la revolución. Muchos de los leales estaban dirigidos por sacerdotes católicos locales que deseaban permanecer bajo la jurisdicción de la corona. Curiosamente, después de que un terrible terremoto sacudiera Venezuela el Viernes Santo de 1812, algunos católicos locales lo tomaron como una señal de que Dios estaba enfadado con los revolucionarios. Entre los escombros y la devastación que dejó el terremoto, había sacerdotes que cantaban el lema pro lealista: «¡Abajo la República! ¡Reconoced a nuestro rey!».

Se dice que otro joven revolucionario que lideraba esta lucha, Simón Bolívar, estuvo entre los escombros durante este caos. Aunque es difícil saber si llegó a suceder, se supone que Bolívar intentó reunir a sus compañeros revolucionarios gritando: «¡Si la naturaleza se nos opone, lucharemos con ella y la obligaremos a obedecer!»

Pero esta encarnación de la república venezolana no estaba destinada a ser, y una vez que las tropas leales entraron a raudales ese julio, el empuje fracasó. Tras este desastre, el joven revolucionario antes mencionado, Simón Bolívar, resurgió de las cenizas para liderar otro intento de libertad. Bolívar se sintió mortificado y avergonzado después de tener que entregar la fortaleza que comandaba —Puerto Cabello— a los leales cuando sus propios luchadores por la libertad se rindieron.

Bolívar hervía de ira por el fracaso de la primera revolución de Venezuela y estaba dispuesto a volver a intentarlo poco después. El hecho de que pudiera hacerlo se debió a que Francisco de Miranda, a pesar de su fracaso, fue capaz de negociar un acuerdo con los leales, que con bastante generosidad, teniendo en cuenta la animosidad existente, hizo que los leales aceptaran perdonar a los rebeldes.

Sin este indulto general, lo más probable es que Bolívar y sus socios hubieran sido encarcelados o incluso ejecutados como traidores. El simple hecho de que no lo fueran es lo que permitió a Bolívar reunir a más rebeldes a la causa de la revolución inmediatamente después de que el primer intento hubiera fracasado. Aun así, los leales empezaron a faltar a su palabra y trataron de que Miranda y algunos de los otros líderes de la revolución fueran arrestados.

Fue entonces cuando Bolívar y algunos de sus asociados, que ya habían estado pintando a Miranda como un traidor, aprovecharon la oportunidad para apresar a Miranda y entregarlo a los leales. Miranda acabaría muriendo en prisión unos años después. Mientras tanto, Bolívar se apoyó en el sentimiento popular y comenzó a posicionarse como el nuevo líder de la nueva revolución. Desde entonces, Bolívar ha sido muy venerado por muchos en América Latina, aunque su trato traicionero a Miranda es suficiente para que incluso sus mayores admiradores cuestionen sus acciones.

En cualquier caso, estas acciones condujeron a la declaración de la segunda República de Venezuela en 1813. Esta república sería atacada directamente por la reinstaurada corona española en 1814. En el otoño de 1814, las tropas españolas que habían jurado lealtad al rey Fernando fueron enviadas rápidamente a América Latina para sofocar esta última revuelta. Las fuerzas de Bolívar fueron rechazadas y, en 1815, Bolívar huyó a la isla caribeña de Jamaica, que en ese momento estaba bajo el control británico, lo que lo libró de las garras del rey español.

Una vez allí, pudo reponerse y planear su siguiente movimiento. Los leales a España consiguieron consolidar su dominio sobre Venezuela, así como sobre el resto del norte de Sudamérica. Bolívar abandonó Jamaica ese diciembre y se dirigió a la cercana Haití el 24 de diciembre de 1815. Aquí conseguiría el apoyo directo del presidente de Haití, Alexandre Pétion. El presidente haitiano era el líder del primer país latinoamericano verdaderamente libre e independiente, y deseaba extender su ayuda a un hombre que consideraba un compañero de lucha por la libertad.

Como se recordará, los haitianos, que descienden principalmente de africanos que fueron obligados a llegar a la isla como esclavos, habían librado una sangrienta revolución en la que lograron derrocar a quienes los mantenían cautivos. Por ello, es lógico que el presidente Pétion prometiera dar a Bolívar todo su apoyo siempre que se cumpliera una condición concreta. Alexandre pidió a Bolívar que se comprometiera a eliminar la práctica de la esclavitud en cualquier región de América Latina de la que obtuviera el control. Esta fue en realidad una promesa que Bolívar cumpliría, ya que haría que todas las tierras en las que ayudara a conseguir la independencia liberaran a sus esclavos.

En 1816, Bolívar dirigió un grupo de luchadores por la libertad, ayudados por tropas haitianas, hacia las costas de Venezuela. Después de desembarcar en el este, el grupo de Bolívar se abrió paso hacia el oeste, luchando contra los seguidores de la realeza en una larga, sangrienta y prolongada lucha.

En 1818, Bolívar y sus luchadores por la libertad se unieron a otro grupo de rebeldes liderados por José Antonio Páez. Este frente unido consiguió tomar la ciudad de Angostura (actual Ciudad Bolívar). Aquí, Bolívar acabaría fundando la tercera República de Venezuela. El 15 de febrero de 1819, Bolívar celebró una sesión del Congreso en la que fue elegido presidente.

Bolívar también expuso sus planes de guerra, en los que urdió una estrategia para sitiar la vecina Nueva Granada. En aquella época, Nueva Granada era un territorio latinoamericano que comprendía aproximadamente Colombia y Ecuador. Bolívar hizo marchar a sus tropas por la cordillera de los Andes y golpeó a sus oponentes como un rayo en lo que se conoce como la batalla de Boyacá.

Los adversarios de Bolívar se vieron sorprendidos al ver cómo un ejército de miles de rebeldes, medio aturdidos por los rigores del viaje, se abalanzaba sobre ellos. La guarnición española sufrió una derrota decisiva y Nueva Granada fue declarada libre de sus ataduras monárquicas. Bolívar y sus compatriotas se enfrentaron a una insurgencia a favor de la realeza durante los dos años siguientes, que no se acabó hasta 1822.

Sin embargo, Bolívar siguió adelante con la creación de una nueva república, aún más grande, llamada Gran Colombia. Su capital se situó en Cúcuta, en la frontera entre Venezuela y la actual nación de Colombia. La Gran Colombia era una república que abarcaba casi todo el norte de Sudamérica, así como una buena parte de Centroamérica.

Mientras tanto, las regiones latinoamericanas situadas más al sur de la Gran Colombia también luchaban por independizarse de la corona española. Al igual que sus vecinos del norte, las ambiciones revolucionarias de estos luchadores por la libertad habían sido provocadas por las guerras napoleónicas en Europa, y siguieron un patrón muy similar.

Tras la interrupción temporal de la corona española por parte de Napoleón y, por tanto, de la autoridad colonial española, empezaron a surgir juntas revolucionarias en estas regiones. Una de las diferencias entre estas revueltas coloniales en el interior era la amenaza siempre presente de una posible intervención portuguesa. Cabe recordar que, mientras Napoleón se enseñoreaba de España y tenía al rey español Fernando como rehén, toda la corte portuguesa había escapado de Portugal y se había trasladado a Brasil. Esto significaba que lugares como Argentina, que limitaban con Brasil, estaban bordeando el centro mismo de la administración y el poder portugués. Los revolucionarios eran conscientes de ello y sabían que debían actuar con cautela.

El cercano Perú seguía siendo fiel a la corona española y amenazaba con invadir el flanco noroccidental de Argentina. Después de que la región gozara de cierta autonomía, estos leales españoles atacaron en 1815. Sin embargo, fueron rechazados de forma decisiva cuando una ruda banda de rebeldes liderada por Martín Güemes demostró su dureza al asaltar las posiciones españolas desde sus fortalezas en el altiplano. La nación que hoy conocemos como Argentina se convertiría en las Provincias Unidas del Río de la Plata.

Mientras tanto, el vecino Paraguay se independizó en 1813. Paraguay estaba liderado por un abogado convertido en militante llamado José Gaspar Rodríguez de Francia. La revuelta paraguaya tuvo éxito, pero la nueva nación viviría esencialmente bajo una dictadura hasta la muerte de José en 1840.

El destino inmediato de Uruguay fue mucho menos sencillo. Allí estalló una gran lucha entre cuatro facciones diferentes, que no se resolvió hasta 1821. Los uruguayos también se enfrentaron a la intervención portuguesa desde Brasil. Ese mismo año, Brasil se anexionó una región llamada Banda Oriental, situada al este del río Uruguay. El propio Brasil se independizaría de la monarquía española poco después, rompiendo su relación con la corona portuguesa en 1822. El asunto de Uruguay no se resolvería hasta los amargos combates de la guerra da Cisplatina.

Tras el final de este conflicto y la firma del Tratado de Montevideo en 1828, Uruguay se liberó del dominio de España, Portugal, Argentina y Brasil. Por fin tuvo la oportunidad de valerse por sí mismo. Uruguay fue reconocido como estado independiente y su constitución nacional fue ratificada el 18 de julio de 1830.

Al oeste de Uruguay, al otro lado de su vecino argentino, se habían producido muchas intrigas políticas en Chile. Todo comenzó en 1810, cuando los residentes locales empezaron a levantarse contra los realistas españoles. Este levantamiento condujo al establecimiento de un gobierno en junta, conocido como la Junta de Gobierno de Chile. Gobiernos similares se establecieron en toda América Latina durante este periodo de tumulto y agitación. Y del mismo modo, como en otras zonas, tras la derrota de la Francia napoleónica y la vuelta al trono de la autoridad española previamente depuesta, se intentó frenar la independencia de Chile.

Esto llevó a una guerra total de independencia, con José Miguel Carrera liderando a los luchadores por la libertad chilena contra la corona española. Carrera fue finalmente capturado por las tropas españolas, pero la lucha por la libertad fue llevada adelante por el líder chileno Bernardo O'Higgins. Este hombre de apellido irlandés destaca desde el principio, y pasaría a ser una leyenda en los anales de la historia de Chile. O'Higgins marchó sobre los Andes y derrotó con éxito a las fuerzas reales, lo que llevó a la proclamación oficial de Chile como nación libre e independiente el 12 de febrero de 1818.

En la siguiente fase de la lucha por la independencia, los mismos revolucionarios que ayudaron a liberar a Chile marcharon hasta el bastión realista de Lima, Perú. De todos los países latinoamericanos, Perú era el más leal, lo que resulta irónico, ya que Perú fue el lugar de residencia del legendario héroe Túpac Amaru II en el siglo XVIII. Túpac Amaru II fracasó en su intento de independencia, pero no antes de hacer matar al gobernador español y liderar una sangrienta rebelión que costó muchas vidas a los colonizadores españoles.

El hecho de que Perú cambiara de dirección, hacia una lealtad firme a la corona, tras el brutal asesinato de Túpac Amaru II fue, en cierto modo, una reacción duradera a su fallido intento de independencia. Fue lo que llevó a sus descendientes, décadas después, a ayudar e instigar a las fuerzas coloniales en su batalla contra Paraguay. Sin embargo, una vez que el vecino Chile abandonó su lealtad a la corona, era prácticamente inevitable que Perú siguiera su ejemplo.

Una figura importante en la lucha por la liberación de Perú fue un general argentino llamado José de San Martín. Este luchador por la libertad había cruzado a Chile y unido sus fuerzas al líder revolucionario chileno Bernardo O'Higgins. San Martín y O'Higgins llegaron a la escena con varios barcos de guerra y comenzaron a tomar varias ciudades en las afueras del control español. Contaron con la ayuda de Estados Unidos y Gran Bretaña en esta causa; Estados Unidos proporcionó dos naves, y los británicos vendieron otra a los rebeldes. Los británicos, en general, desempeñaron un papel activo —aunque por debajo de la mesa— en la lucha, con un oficial naval británico llamado Thomas Cochrane que luchaba extraoficialmente con los rebeldes, casi como una especie de corsario.

Al igual que los piratas de antaño, se apoderó de las embarcaciones españolas e incluso de los barcos de pesca y los convirtió en su propia mini armada. Miles de personas fueron reclutadas para tripular las cubiertas de estas embarcaciones requisadas, muchas de ellas descontentas con la causa rebelde. San Martín estaba a cargo de esta «tripulación variopinta» de combatientes irregulares, junto con su propio contingente principal.

Sin embargo, San Martín sabía que los rebeldes no podrían expulsar completamente a los españoles por la vía militar, por lo que decidió utilizar una táctica diplomática e intentó razonar con los oficiales españoles. El virrey terminó en desacuerdo con sus asociados sobre cómo manejar la situación. Este desacuerdo provocó un golpe de estado que llevó al poder a un acérrimo monárquico respaldado por la corona, José de la Serna.

José de San Martín intentó seguir negociando con José de la Serna. Las conversaciones se rompieron y San Martín acabó marchando sobre Lima en 1821. Esto llevó a la declaración de la independencia del Perú el 28 de julio de 1821.

En el norte, México tuvo su propio impulso independentista. Su primer intento de independencia fue liderado por un sacerdote popular llamado Miguel Hidalgo. Curiosamente, Hidalgo no se presentó inicialmente como un revolucionario, sino como un restaurador de la autoridad real. En 1810, tras la destitución del rey Fernando del trono español por los franceses, Hidalgo lideró una especie de levantamiento populista, pero ostensiblemente a favor de la realeza en nombre del rey. Hidalgo consiguió reunir a decenas de miles de lugareños para formar un ejército irregular de luchadores por la libertad. Al principio lo ayudó en su causa un militar mexicano llamado don Ignacio Allende.

Allende acabó uniéndose al movimiento independentista y dio cierto sentido de profesionalidad a la causa. Allende también contó con el respaldo de los criollos. En la lengua vernácula de esta época y lugar, un criollo era un español de ascendencia europea que había nacido y crecido en las Américas. A los recién llegados nacidos en España se los denominaba peninsulares, es decir, nativos de la península ibérica.

Como se ha dicho, Allende, un criollo nacido y criado en América, supo convencer a otros criollos para que se unieran a la causa contra las autoridades coloniales. El cura Hidalgo, en cambio, había conseguido la mayoría de sus apoyos entre los indígenas y los mestizos, que tenían una mezcla de herencia europea e indígena.

Los criollos, los indígenas y los mestizos se unieron inicialmente para expulsar a los peninsulares, pero su alianza no tardó en romperse. Y las grietas entre los propios Allende e Hidalgo no tardarían en hacerse evidentes. En una ocasión, por ejemplo, después de que Allende lograra convencer a un grupo de españoles encerrados en San Miguel para que se rindieran, dándoles su palabra de que ni ellos ni sus propiedades serían dañados, Hidalgo pareció perder el control de sus celosos luchadores por la libertad. Incluso después de que los españoles depusieran las armas pacíficamente a petición de Allende, el grupo de Hidalgo irrumpió en la ciudad, saqueó las propiedades de los españoles y, en general, causó un desastre. Al ser alertado de lo que estaba ocurriendo, un enfurecido Allende cabalgó hasta la ciudad y cargó en medio de los disturbios. Comenzó a golpear a los alborotadores con el dorso de su espada, exigiéndoles que se retiraran.

Finalmente, logró restablecer el orden, pero para furia de Allende, en lugar de disculparse por la conducta desordenada de sus tropas, el padre Hidalgo en realidad criticó a Allende, denunciándolo por el maltrato al pueblo. A partir de este momento, la relación entre Allende e Hidalgo se volvió cada vez más tensa hasta que dejaron de hablarse.

Poco después de este incidente, Hidalgo condujo a miles de sus combatientes por la libertad a la ciudad de Celaya, donde asaltaron a los ciudadanos. La mayoría de los combatientes de Hidalgo solo llevaban machetes y palos de madera. Lo repentino de su llegada y su gran tamaño sorprendieron a los habitantes para que se rindieran. Una vez más, a pesar de que los ciudadanos depusieron pacíficamente sus armas, la enorme turba de Hidalgo arrasó la ciudad a pesar de todo, robando todo lo que pudo. El grupo se dirigió entonces a la cercana Guanajuato.

Antes de desatar sus fuerzas, Hidalgo envió un mensaje al líder del pueblo, Don Juan Antonio Riaño, para que se rindiera. Pero tal vez Don Juan ya había oído lo que había sucedido con los que se rindieron pacíficamente en Celaya, ya que se negó. Ante su negativa, Hidalgo dio la orden a sus secuaces para que comenzara el ataque. La turba irrumpió en la ciudad, pero varios de los habitantes, junto con el propio don Juan, se habían refugiado en un enorme almacén de grano llamado la Alhóndiga, que se había convertido en una fortaleza improvisada.

En un principio, los atacantes fueron retenidos por los persistentes disparos de la Alhóndiga. No fue hasta que algunos de los combatientes de Hidalgo tomaron la ingeniosa y audaz decisión de llevar grandes losas de piedra de las minas cercanas y utilizarlas como escudos, que se pudo realizar una aproximación a través del aluvión de balas. Una vez que los hombres de Hidalgo llegaron al fuerte, uno de ellos prendió fuego a las vigas de madera de las puertas. Pronto se hizo una entrada y los atacantes entraron en tropel.

Los guanajuatenses fueron apuñalados, golpeados y, en algunas ocasiones, despedazados. Los asaltantes saquearon el almacén de grano de todo lo que pudieron encontrar. El botín era realmente abundante; además de grano, había una gran cantidad de dinero en efectivo, oro y otros objetos de valor.

Durante este asedio, parece que el propio Hidalgo intentó intervenir en varias ocasiones, pero sus gritos de piedad y contención fueron ignorados en gran medida. La turba se dirigió entonces a la ciudad de Valladolid. Los ciudadanos de esta ciudad ya se habían enterado de los desmanes ocurridos en las anteriores ciudades atacadas por los guerreros de Hidalgo, y no estaban dispuestos a montar una defensa. Por ello, se mostraron inmediatamente dispuestos a llegar a un acuerdo. Su única esperanza era que una audiencia personal con el padre Hidalgo pudiera evitarles de algún modo el destino que se había infligido a otros.

Un grupo de funcionarios de la ciudad se reunió con Hidalgo en las afueras de la ciudad y consiguió que les prometiera que Valladolid se libraría de los saqueos y el desenfreno que habían sufrido las demás ciudades mexicanas. Pero Hidalgo demostró su propio desprecio (y quizás duplicidad) cuando un aparentemente pequeño desaire percibido le hizo cambiar de opinión. Al parecer, Hidalgo se enfureció cuando descubrió que las puertas de la catedral de la ciudad estaban cerradas. Las puertas estaban cerradas, sin duda, como protección contra los saqueos, pero Hidalgo lo tomó como una ofensa personal, ya que deseaba entrar en la catedral para rezar. Así que, en lugar de rezar, metió entre rejas a todos los funcionarios españoles locales y puso a algunos de sus propios luchadores por la libertad a cargo de la ciudad antes de apoderarse personalmente de unos 400.000 pesos de la catedral.

Miguel Hidalgo, un visionario con inclinación profética, debía estar bastante seguro de su éxito en este punto. Y con cada toma exitosa de una ciudad, más y más lugareños se unirían a sus filas. En este punto, su ejército de luchadores por la libertad había aumentado hasta casi noventa mil. Hay que decir que había cierta confusión entre las filas de los que seguían al cura Hidalgo. Las clases campesinas analfabetas, en particular, estaban tan movilizadas por la retórica apasionada de Hidalgo que muchos tenían la impresión errónea de que el rey de España encarcelado dirigía de alguna manera las acciones de Miguel Hidalgo.

Dado que Miguel era sacerdote, la lucha tenía un componente religioso que a veces se asemejaba a una cruzada. Para los que conocen la historia, la banda de guerreros de Hidalgo recuerda mucho a la Cruzada popular de Pedro el Ermitaño, que tuvo lugar en la Europa medieval. En la Edad Media, un monje llamado Pedro dirigió a decenas de miles de campesinos —algunos de ellos armados con nada más que una sartén— a Oriente Medio para librar una ofensiva totalmente mal planificada contra los ejércitos profesionales de la zona.

Al igual que Pedro el Ermitaño, Hidalgo era capaz de hipnotizar a las masas con sus discursos y hacerlos sentir que formaban parte de un propósito divino mayor. Durante las escaramuzas, se lo podía ver alzando una lanza con un icono de la Madre María adosado, haciendo parecer que sus seguidores luchaban por la propia Santa Madre. Pero por mucho que Miguel afirmara estar luchando por la restauración del rey bajo la bandera de la religiosidad católica, él y sus seguidores entraban en conflicto directo con los administradores españoles locales.

Aunque Hidalgo tuvo éxito al principio, en cuanto las autoridades españolas pudieron reagruparse, la marea se volvió decisivamente contra el cura Hidalgo y sus seguidores. Gracias a su gran número de seguidores y al factor sorpresa, Hidalgo consiguió algunas victorias en esta lucha. Incluso consiguió apoderarse de algunas ciudades de la provincia. Su suerte se acabaría pronto cuando llegaron los refuerzos españoles.

En la infame batalla del Puente de Calderón, el grupo de Hidalgo se enfrentó a unas seis mil tropas profesionales españolas. Aunque Miguel contaba con una multitud detrás de él, sus seguidores estaban mal armados y mal entrenados. A pesar de su ventaja numérica, fueron esencialmente acribillados por las armas españolas. Hidalgo y los que sobrevivieron a este baño de sangre consiguieron huir. Posteriormente se reagruparon con el descontento Allende, pero poco después sufrieron una emboscada.

Allende fue ejecutado poco después. Hidalgo, sin embargo, se libró momentáneamente de la ejecución en reconocimiento a su condición de sacerdote. En su lugar, fue trasladado a Durango y puesto bajo la custodia del obispo local. Aquí, el obispo «expulsó» oficialmente al padre Hidalgo y luego lo envió de vuelta a los oficiales militares a cargo, aparentemente aprobando su ejecución.

La vida de Miguel Hidalgo terminó finalmente el 30 de julio de 1811. Pero ni siquiera la muerte del sacerdote rebelde fue suficiente para las autoridades españolas. Después de su ejecución, le cortaron la cabeza de los hombros, la colocaron en una jaula de hierro y la colgaron del granero local de Guanajuato (el mismo que sus seguidores habían asaltado y saqueado) para que todo el público la viera.

Por supuesto, esta retribución de estilo medieval solo provocaría más disgustos con las autoridades coloniales españolas. Y si los representantes de la corona pensaban que podrían simplemente asustar a la población local de México para que los obedeciera, estaban gravemente equivocados. Uno de los asociados de Hidalgo, el padre José María Morelos, se hizo cargo de la causa tras la muerte de Hidalgo.

Morelos era mucho más estratégico que Hidalgo, y puso en práctica una retórica ardiente, pidiendo el fin del estricto sistema de clases de México, que básicamente clasificaba a los habitantes como descendientes de europeos, indígenas, afrodescendientes y cualquier combinación intermedia. El propio Morelos era lo que los mexicanos llamaban un mestizo, es decir, tenía ascendencia europea e indígena.

Debido a su propia experiencia personal, Morelos pudo entender los gritos de inconformidad popular contra las diversas categorías que se le imponía al pueblo. Y él mismo declaró que, de ahí en adelante, todos los mexicanos deberían ser llamados simplemente americanos, es decir, personas que habían nacido en las Américas.

Morelos, al igual que Hidalgo, gozaba de gran popularidad y consiguió refugiarse en el suroeste de México con miles de combatientes rebeldes. Su bastión quedó en gran medida fuera del alcance de las tropas españolas. Desde esta base sureña, Morelos pudo incluso establecer una rudimentaria república escindida, que anunció su autonomía el 6 de noviembre de 1813. En octubre de 1814 se forjó una constitución que prohibía la práctica de la esclavitud y buscaba reparar la desigualdad étnica endémica.

Sin embargo, poco después, las tropas españolas volvieron a enfrentarse a Morelos y a su desvencijado ejército. Uno de los capitanes realistas que dirigió esta lucha fue nada menos que un hombre llamado Agustín de Iturbide. Iturbide demostró ser un valiente comandante y, en un momento dado, consiguió pelear a través de las líneas de Morelos, casi alcanzando al propio Morelos.

Este audaz movimiento causó un completo caos en las filas de Morelos y obligó a este y a sus hombres a tomar una acción evasiva y huir. Iturbide era realmente una fuerza a tener en cuenta, y aunque en este momento de la historia, estaba del lado de los realistas, luchando contra Morelos, en un futuro muy cercano, cambiaría de bando y lideraría la propia revolución.

En cualquier caso, Morelos acabaría siendo apresado por las autoridades españolas antes de que todo terminara y encontraría la muerte en 1815. Pero incluso con la desaparición de Morelos e Hidalgo, los revolucionarios mexicanos continuaron la lucha. Varios ejércitos de guerrilleros siguieron luchando activamente contra el gobierno colonial desde las estribaciones y otros lugares remotos.

Los funcionarios españoles nunca pudieron extinguir por completo las amenazas de estos guerrilleros. Sin embargo, en los años siguientes, gastarían mucha sangre y tesoro en el intento. Un guerrillero de nombre Vicente Guerrero dirigía un reducto rebelde en particular. En noviembre de 1820, Agustín de Iturbide dirigió un par de miles de tropas a la fortaleza de Guerrero para arrancarle la última espina al virrey mexicano de una vez por todas.

Sin embargo, las fuerzas de Guerrero presentaron una batalla más dura de lo que esperaba Iturbide, y Agustín de Iturbide, en lo que quizá sea una de las mayores realizaciones de la historia del viejo lema «Si no puedes vencerlos, únete a ellos», tomó la fatídica decisión de cambiar de bando. Estableció contacto con el líder rebelde y le sugirió que unieran sus ejércitos y que luego volvieran sus fuerzas combinadas contra el gobierno del virrey mexicano en una lucha conjunta por la independencia.

Sin embargo, Iturbide insistió en que debía hacerse bajo sus condiciones, pero propuso que México se convirtiera en una monarquía constitucional independiente. Aunque a México se le permitiría cierto grado de autonomía en este acuerdo, seguiría estando bajo la jurisdicción general de Fernando VII de España. Se podría pensar que muchos de los rebeldes verían tal cosa con total anatema, pero el hecho de que la constitución forjada por Iturbide declarara «igualdad de derechos y oportunidades para todos» fue lo suficientemente atractivo para que Guerrero y sus compatriotas aceptaran.

Aunque, como veremos, la verdadera igualdad en México sería mucho más difícil de alcanzar, el hecho de que esta promesa se plasmara en palabras se consideró suficiente. La tercera promesa, que para otras sociedades podría no ser desagradable, pero que México en ese momento deseaba bastante, fue la promesa de que el catolicismo se convertiría en la religión oficial de México.

Esta propuesta de constitución se gestó en la ciudad de Iguala, por lo que fue conocida como el Plan de Iguala. Las estipulaciones de este plan fueron difundidas abiertamente a los ciudadanos locales para ganar el apoyo popular. Y se ha dicho que en algunas situaciones, los detalles de este nuevo pacto social fueron incluso anunciados en vallas publicitarias locales en las plazas de la ciudad. Resulta intrigante pensar que estos combatientes rebeldes, al final de su larga lucha, pasaran de la guerra de guerrillas a la publicidad de guerrillas, pero al parecer esto es lo que ocurrió.

Puede que las ideas estipuladas en el plan no fueran las que todo el mundo quería, pero parecía ofrecer al menos algunos aspectos de lo que deseaban las distintas facciones de México. La iglesia estaba contenta porque se aseguraba su continuidad, los diversos mexicanos nativos aprobaban el fin de la dominación directa, y para los que sufrían discriminación, la promesa de igualdad se consideraba suficiente. Incluso los peninsulares estarían contentos porque la aceptación significaría el fin del derramamiento de sangre con un resultado bastante conservador.

El antiguo partidario de la realeza, Iturbide, se posicionó como el guardián de esta nueva constitución planeada para México y sus garantías. En reconocimiento a las tres grandes garantías, todo su ejército fue conocido literalmente como el «Ejército Trigarante».

El virrey en funciones en ese momento, Juan Ruiz de Apodaca, sabía que la voluntad del pueblo estaba con el Ejército de las Tres Garantías. Al no poder o no querer enfrentarse a ella, decidió dimitir. Le correspondió entonces a su sucesor, el virrey Juan O'Donojú (pronunciado en realidad como Donohue), que llegó a la escena el 30 de julio de 1821, decidir qué hacer. Poco después de tomar posesión, el nuevo virrey se reunió con Iturbide en la ciudad de Córdoba para negociar. Ambos acabaron llegando a un acuerdo amistoso, y sin que se disparara un solo tiro, México obtuvo su independencia.

Juan O'Donojú consiguió un par de concesiones importantes para los españoles. Se le garantizó que los españoles en el país podrían regresar a España sin interferencias y, lo que es más importante, con todas las riquezas que habían adquirido en el Nuevo Mundo completamente intactas. Además, consiguió que Iturbide se comprometiera a financiar la evacuación de los soldados españoles del nuevo México independiente.

Sin embargo, México fue finalmente libre. Aunque este no es el final completo de esta historia. Mientras el futuro de México seguía siendo discutido por los mexicanos, el rey Fernando VII de España comenzó a contraatacar. Y para 1822, ya había renunciado al Tratado de Córdoba, declarando que no reconocía las acciones «traicioneras» del antiguo virrey, Juan O'Donojú.

Sorprendentemente, esta revocación llegó justo a tiempo para detener a un ejército de españoles que se disponía a desembarcar en Veracruz. En lugar de volver a casa como habían planeado, recibieron órdenes de marcha para dar la vuelta y pasar a la ofensiva contra los mexicanos. Uno solo puede imaginar lo frustrante que debió ser esto para los soldados españoles sobre el terreno. Estaban listos para regresar a España, pero tenían que dar la vuelta y arriesgar sus vidas en más combates. En la lucha que siguió, lograron tomar la isla fortaleza de San Juan de Ulúa, donde permanecerían durante los siguientes años en lo que fue esencialmente el último punto de apoyo del Imperio español en México.

Mientras tanto, Iturbide celebró un congreso en el que los congresistas trabajaron para ultimar la economía. Iturbide se encontró frustrado con los asistentes, ya que muchos parecían no tener ni idea de cómo gobernar. Algunos se contentaban con discutir los puntos más finos de los filósofos liberales como Voltaire en lugar de enfrentarse a la tarea más desalentadora de gobernar realmente. Y lo que es peor, la economía mexicana se enfrentaba a una fuerte recesión, causada en parte por la garantía de que los españoles que huían del país podían conservar sus riquezas. Esto condujo a lo que fue una gran retirada de capital que amenazó con hundir toda la economía mexicana.

Las cosas estaban tan mal que Iturbide ni siquiera podía pagar adecuadamente a su ejército. Podían ser el Ejército de las Tres Garantías, ¡pero ni siquiera se les podía garantizar un sueldo! Iturbide tuvo que poner a sus propias tropas a media paga para que pudieran sobrevivir. Las luchas internas, el caos y la indecisión no hacían más que empeorar, y el pueblo mexicano se desesperaba ante la enorme boca de desolación que parecía tener ante sí.

En medio de esta desesperación, la noche del 8 de mayo de 1822 estalló una manifestación aparentemente espontánea frente a la residencia de Iturbide. La multitud se reunió y comenzó a corear: «¡Viva Agustín Primero, emperador de México!». Al parecer, aunque el rey Fernando de España había rechazado la monarquía constitucional propuesta por México, había algunos que estaban dispuestos a crear un monarca propio, ¡nada menos que el propio Iturbide!

Al principio, Iturbide trató de dispersar la multitud, pero solo le corearon aún más. Fue entonces cuando finalmente decidió afrontar la situación de frente. En un monólogo dirigido a sus partidarios, declaró que sí se convertiría en monarca de México si el Congreso lo aprobaba. Y al día siguiente, el Congreso lo hizo. El 21 de julio de 1822, Iturbide —apodado Agustín I— fue coronado oficialmente como emperador de México.

En esta época, México era mucho más grande que el actual estado de México. Era esencialmente un imperio mexicano, ya que incluía Costa Rica, El Salvador, Guatemala, Honduras y Nicaragua. México también incluía gran parte de lo que hoy es el suroeste de Estados Unidos. Independencia o no, esto era mucho territorio. Y de alguna manera, se consideró que un emperador mexicano debía gobernarlo.

Sin ningún linaje real a nombre de Iturbide y con muchos preguntándose por qué los revolucionarios mexicanos sustituirían una monarquía por otra, la gente empezó a sentir que todo el asunto no era más que una especie de farsa ridícula. Dejaba mucho que desear. Y aún quedaba mucho por desentrañar de las secuelas del movimiento independentista de México, al igual que todas las demás revoluciones que tuvieron lugar en América Latina en esta época.

Capítulo 6 - Los primeros días de las repúblicas latinoamericanas

Por muy diverso que fuera el tapiz de los países latinoamericanos recién formados, todos ellos tenían un hilo conductor. Ese elemento común era el hecho puro y simple de que todos estos regímenes recién formados compartían la experiencia de haber sido separados de una potencia colonial y de haberse visto obligados a decidir cómo dirigir sus respectivas regiones.

Todos los líderes revolucionarios de América Latina aprendieron muy pronto que hablar de reformas apasionadas e incluso luchar por ellas era, en muchos sentidos, más fácil que establecer realmente las formas de gobierno justas y equitativas por las que tanto clamaban. Por un lado, grandes extensiones de territorio habían sido literalmente asoladas por varios años de guerra.

Podemos pensar en lo terrible que es la guerra moderna, con ciudades bombardeadas e innumerables vidas civiles perdidas, pero los pueblos, las plantaciones y las granjas de América Latina fueron diezmados de manera similar. Antes de que las guerras de la independencia llegaran a su fin definitivo, casi todas las industrias de América Latina habían sido desbaratadas. Ni siquiera los ganaderos fueron inmunes, ya que los combatientes de todos los bandos a menudo se apoderaban del ganado para sus propios fines o simplemente lo destruían al aplicar tácticas de tierra quemada.

Los combates también provocaron graves trastornos a nivel personal para las civilizaciones locales, ya que casi todo el mundo conocía a alguien que había muerto en el conflicto. También hubo que hacer frente a varias crisis de refugiados, ya que se produjeron migraciones masivas de una región a otra. Muchas ciudades latinoamericanas posteriores a la independencia también sufrieron una grave falta de trabajadores cualificados, ya que muchos obreros huyeron del sangriento escenario.

Durante la transición de una forma de gobierno a otra, también se planteó el problema de cómo restablecer la fiscalidad gubernamental. Dado que la mayoría de los gobiernos dependen de los impuestos para pagar los servicios públicos, como las carreteras o incluso el ejército permanente, se necesitaba un medio para gravar adecuadamente a la población (les gustara o no), pero a menudo se carecía de él.

También había problemas con la religión. La mayor parte de América Latina, incluso hoy en día, es católica. Dicho esto, como el catolicismo depende de estructuras rígidas de parroquias, diócesis, obispos y arzobispos, el caos de la revolución también perturbó este orden. De hecho, muchos de los clérigos seguían siendo partidarios de la corona española y dependían de la estructura de poder eclesiástico que se ramificaba desde España. El hecho de que estos países latinoamericanos recién nacidos acabaran de separarse de su iglesia madre haría que la adaptación religiosa de muchos fuera bastante difícil.

Las nuevas naciones latinoamericanas también tenían mucho trabajo que hacer para convencer al resto del mundo de que podían valerse por sí mismas. Y las luchas internas casi constantes de varias facciones, así como el rápido aumento de los niveles de corrupción, no contribuyeron mucho a fomentar una visión positiva de América Latina desde el exterior.

Irónicamente, las naciones de las que estas antiguas colonias deseaban más desesperadamente recibir un reconocimiento eran sus antiguos señores coloniales. En su mayor parte, otros jefes de Estado europeos simpatizaban con Portugal y España y dudaban en ponerse del lado de los advenedizos de América Latina.

Para obtener el reconocimiento de Europa en general, parecía necesario el reconocimiento de sus antiguas patrias, Portugal y España. En lo que respecta a España, el rey Fernando VII se negó rotundamente a reconocer la independencia de sus antiguas colonias. Parece que ni siquiera se planteó la cuestión de reconocerlos o no hasta que llegó al trono la sucesora de Fernando, la reina Isabel II.

La reina Isabel acabó reconociendo a México en 1836, y acabó reconociendo a los demás países latinoamericanos que habían pertenecido a España. El reconocimiento se produjo con más de una década de retraso, pero como se suele decir, más vale tarde que nunca.

Estados Unidos, por su parte, adoptó una actitud más directa al promulgar la Doctrina Monroe en 1831. En una declaración ante el Congreso, el presidente James Monroe declaró que Estados Unidos actuaría si alguna potencia europea intentaba interferir en la política de las Américas, lo que incluía a América Latina. Este voto de confianza de Norteamérica dio a los nuevos países latinoamericanos un respiro muy necesario. Les permitió construir sus respectivos gobiernos con la seguridad de que las potencias europeas dudarían en interferir.

A pesar de los problemas a los que se enfrentaron los nuevos países latinoamericanos, fue un cambio poderoso. Con la única excepción del dominio británico de Canadá y de varios puestos de avanzada en el Caribe, las Américas estaban casi completamente libres del colonialismo europeo.

Ahora les tocaba a los propios países latinoamericanos decidir qué hacer con la nueva libertad que se les había concedido. Uno de los mayores debates entre las naciones latinoamericanas era si debían tener un país dirigido por alguna forma de federalismo o uno que se inclinara más hacia un gobierno centralizado.

Se soñaba con unir gran parte del norte de Sudamérica bajo un gran gobierno federal. Esta configuración se conoció inicialmente como Gran Colombia. La Gran Colombia incluía la actual Colombia, Ecuador, Panamá, Venezuela, parte de Perú e incluso un trozo del noroeste de Brasil. Este conglomerado existió desde 1819 hasta 1831. Casualmente, se separó justo cuando se declaró la Doctrina Monroe.

El gobierno de este superestado se inclinaba más hacia un gobierno centralizado encabezado por un presidente con fuerte autoridad ejecutiva. Al principio, hubo un gran resentimiento en la Gran Colombia entre varias regiones. Los venezolanos, por ejemplo, parecían tener un peso considerable en el gobierno, mientras que otras regiones, como Ecuador, quedaban al margen. La Gran Colombia fue incapaz de mantener unidas a las distintas facciones del norte de Sudamérica, lo que dio lugar a la creación de tres repúblicas separadas: Venezuela, Ecuador y Nueva Granada. La República de Nueva Granada estaba formada por Colombia, Panamá y partes de los actuales Ecuador, Perú, Brasil, Costa Rica y Venezuela.

Mientras tanto, Agustín de Iturbide gobernaba México, que se extendía desde lo que hoy es el suroeste de Estados Unidos hasta Costa Rica. El propio México tenía un modelo similar al de Estados Unidos, con varios estados divididos en su interior. Desde el punto de vista político, México, como gran parte del resto de América Latina, contaba con dos partidos políticos principales: el conservador y el liberal.

Los liberales eran básicamente progresistas del siglo XIX que abrazaban filosofías y formas de pensar destinadas a transformar la sociedad. Los conservadores, en cambio, eran partidarios de cambios más lentos y graduales y se aferraban más a cosas como la iglesia y otras tradiciones del pasado. México, en particular, fue un lugar de mucho pensamiento artístico y político durante los primeros días de su independencia, y se escribió mucha literatura poscolonial.

Como se ha mencionado, poco después de la independencia de México de España, Iturbide se convirtió en emperador. Duró poco. Fue incapaz de pagar eficazmente las deudas o incluso a sus propias tropas. En un último esfuerzo, cometió el error fatal de imprimir dinero, lo que provocó una inflación galopante. Esto resultó ser la perdición de su régimen. Y ante la oposición liderada por el general Antonio López de Santa Anna, Iturbide acabó dimitiendo el 19 de marzo de 1823.

Con el derrocamiento de Iturbide, México dejó de ser un imperio y se transformó en una república. Con este cambio llegó también un cambio territorial. A los territorios controlados por

México en Centroamérica se les permitió buscar su propia independencia. El resultado fue la declaración de la independencia de las Provincias Unidas de Centroamérica el 1 de julio de 1823.

Para cuando se ratificó la constitución de México en 1824, la nación seguía, en general, el modelo de Estados Unidos; la separación de México en varias regiones agrupadas por estados así lo refleja. De nuevo, vemos cómo se desarrolla la lucha entre federalistas y centralistas. Los federalistas deseaban una república descentralizada con más poder a nivel local, mientras que los centralistas querían un gobierno fuerte y centralizado con sede en la Ciudad de México.

Inicialmente, los federalistas ganaron, y un hombre llamado Guadalupe Victoria fue presidente de 1824 a 1829. Estos primeros años de la nación mexicana fueron bastante pacíficos, pero los problemas de una economía vacilante, unos servicios civiles en dificultades y la falta de prestigio en el extranjero fueron obstáculos difíciles de superar.

Las elecciones de 1828 resultarían muy traumáticas y problemáticas para la joven nación. Inicialmente, fue elegido un candidato de apoyo centralista llamado Manuel Gómez Pedraza. Su oponente era Vicente Guerrero, a quien Pedraza logró vencer por un solo voto electoral. Guerrero sospechaba ciertamente de los resultados, pero lo más probable es que se hubiera quedado callado si no fuera porque el viejo general Santa Anna se levantó de repente y declaró que se estaba cometiendo una grave fechoría electoral. Santa Anna intentó entonces dar un golpe de estado, pero fue rechazado por las tropas del gobierno.

Esto polarizó aún más la situación, ya que la facción del ejército que apoyaba el intento de Guerrero se unió a las fuerzas de Santa Anna. Parecía que todo México estaba al borde de una guerra civil por unas elecciones disputadas. Se lanzó una ofensiva contra el Palacio Nacional y la ciudad de México estalló en disturbios, con los partidarios de Guerrero tomando las calles. Al final, Manuel Gómez Pedraza decidió que tenía la mano más débil y renunció.

El Congreso se reunió entonces, mientras la ciudad seguía en llamas, para anunciar que Vicente Guerrero sería efectivamente nombrado presidente. Sin embargo, Guerrero no pudo resolver los problemas de México mejor que sus predecesores y, tras un breve mandato, fue destituido y finalmente ejecutado por traición. Anastasio Bustamante, su vicepresidente, tomó el relevo. Sin embargo, Bustamante demostró ser de lo más corrupto y muchos lo consideraron un dictador.

A medida que aumentaba el clamor público contra Bustamante, el popular general Santa Anna volvió a intervenir. Santa Anna dirigió una revuelta exitosa contra las tropas del gobierno, y un Bustamante frustrado se vio obligado a dimitir. Bustamante acabó marchándose a Inglaterra, donde se retiró de la vida pública. Santa Anna, que en realidad nunca se presentó a las elecciones, fue entonces «elegido» en 1833.

Como se puede ver, México parecía estar ya en un patrón crónico de corrupción y constante agitación política. Esta tendencia se repetiría muchas veces en casi todas las nuevas repúblicas jóvenes de América Latina. Por ejemplo, las Provincias Unidas de Centroamérica se habían fracturado en lo que podría llamarse esencialmente una serie de «minirrepúblicas». Centroamérica pasó de ser una federación en 1823 a fracturarse en aproximadamente los estados actuales que conocemos como Costa Rica, Nicaragua, Honduras, El Salvador y Guatemala en el año 1839.

Diez años antes, en 1829, el presidente de las Provincias Unidas de Centroamérica, Manuel José Arce, fue depuesto. Esto llevó a la instalación de otro presidente: Francisco Morazán. Morazán trasladó la capital de Ciudad de Guatemala a San Salvador e intentó crear una estructura de control más centralizada. Al final fracasó en sus esfuerzos, y una asamblea votó la disolución de todo el poder federal sobre los estados en 1838. Francisco Morazán fue exiliado al año siguiente, justo antes de que todo el sistema se derrumbara en 1839. El sistema llegó a su conclusión oficial en 1840. No habría una república federal, ni siquiera una confederación: Centroamérica, como cuerpo unido, había muerto para dar lugar a varios estados más pequeños y competidores.

Más al sur, la República de Nueva Granada sería sucedida por la Confederación Granadina. Le siguieron los Estados Unidos de Colombia, a los que finalmente sucedieron las actuales naciones de Colombia y Panamá. Fue un proceso de transformación que no se completó hasta 1903, cuando la actual Panamá se separó de Colombia. Pero nos estamos adelantando.

En cuanto a los principales acontecimientos de la región en las primeras décadas del siglo XIX, uno de los más importantes fue cuando la configuración latinoamericana de la Gran Colombia (que se convertiría en la República de Nueva Granada) hizo la guerra contra el recién independizado Perú. Los factores que contribuyeron al conflicto eran antiguos sobre el control territorial de las regiones fronterizas que habían estado en cuestión incluso antes de la independencia. Pero uno de los puntos más conflictivos fue el destino de Bolivia.

La nación de Bolivia, que llevaba el nombre del propio Simón Bolívar, había formado parte de lo que se denominaba el Alto Perú. Bolívar había administrado Bolivia durante un corto periodo de tiempo antes de entregar la autoridad a Antonio José de Sucre Alcalá en 1826. Con este nuevo líder no probado al mando, los líderes peruanos trataron de recuperar lo que consideraban su territorio. Los peruanos lanzaron una gran ofensiva contra Bolivia en 1828 y consiguieron expulsar a las tropas colombianas.

Sin embargo, Simón Bolívar no se iba a dar por vencido. Desde su posición en la Gran Colombia, declaró la guerra a Perú en junio. La primera gran batalla entre la Gran Colombia y Perú se produjo el 31 de agosto de 1828, con la batalla de Punta Malpelo. La batalla naval se convirtió en un completo fracaso para el ejército grancolombiano, que fue rechazado por los peruanos.

En noviembre, los peruanos lograron bloquear y dejar fuera de juego a la armada grancolombiana, privándola por completo de sus capacidades navales. Aun así, el ejército grancolombiano seguía siendo bastante eficaz en tierra y forzó un sangriento empate. Los dos bandos acabaron firmando un tratado en 1829, por el que ambas partes reconocían el statu quo que existía antes de que se iniciaran los combates.

Simón Bolívar perecería un año más tarde, en 1830, y con su desaparición también partirían las últimas tropas colombianas. La situación en Bolivia volvería a cambiar en el año 1836 con el establecimiento de la Confederación Perú-Boliviana. Esta confederación estaba formada por tres repúblicas distintas, conceptualizadas como Perú del Norte, Perú del Sur y Bolivia. La capital de este superestado estaba situada en la ciudad peruana de Tacna. Para los peruanos, el traslado de su capital de Lima a Tacna fue una píldora difícil de tragar, ya que afectó al comercio tradicional y a los lazos comerciales que se habían centrado en torno a Lima en el norte de Perú durante muchos años.

El líder de esta confederación era un hombre llamado Andrés de Santa Cruz, que tenía el título que sonaba bastante ostentoso de «Supremo Protector». La confederación necesitaría mucha protección. El mismo año en que se declaró, tanto Chile como Argentina le hicieron la guerra. Esta guerra sería conocida como la guerra de la Confederación. Finalmente, terminaría en un acuerdo que volvería a dividir la confederación en sus respectivas mitades peruana y boliviana en 1839.

Poco después, Perú experimentó una especie de boom económico. Anteriormente, Perú había sido rico más allá de los sueños de cualquiera, ya que era la sede de las operaciones mineras españolas y enviaba toneladas de plata a España con regularidad. Sin embargo, en el momento de la independencia, estas operaciones ya se habían agotado y Perú necesitaba una nueva fuente de ingresos. La encontraron en un lugar sorprendente, pero, al mismo tiempo, bastante tradicional. Se descubrió que el abono agrícola peruano —el guano, que durante mucho tiempo se había utilizado como un codiciado recurso precioso para los cultivos desde los tiempos del Imperio inca— podía convertirse en un valioso producto de exportación.

Todo lo que tenían que hacer los peruanos era recoger este abundante fertilizante rico en nitrógeno a medida que caía de las aves marinas a lo largo de la costa. Seguramente no era la tarea más agradable, pero las aves llevaban miles de años haciendo montañas de guano en las costas peruanas. Lo único que había que hacer era recoger el material, procesarlo y enviarlo a quienes estuvieran dispuestos a comprar este valioso producto.

Y esas naciones ciertamente lo compraban. Con los ingresos del guano, Perú pudo reponer sus arcas, que yacían en su mayoría agotadas. Incluso el establecimiento del primer ferrocarril de Perú se produjo gracias a los ingresos de la exportación del guano. Con su economía reconstruida, Perú pudo avanzar en la modernización de su sociedad y en los cambios que se estaban produciendo en el siglo XIX.

En una línea recta al noreste de Perú, al otro lado del continente sudamericano, una cierta porción de tierra en una región denominada las Guayanas había sido disputada durante mucho tiempo. Se dice que el propio Cristóbal Colón desembarcó una vez en esta región en 1498, aunque en realidad fueron los holandeses quienes hicieron las primeras incursiones reales en la región al crear los puestos avanzados de Pomeroon, Esequibo, Berbice y Demerara. Sin embargo, los holandeses siempre se dedicaron más al comercio que a la colonización, y la mayor parte del tiempo sus puestos de avanzada siguieron siendo solo eso: puestos.

Después de que los holandeses cedieran el territorio a los británicos en 1814, el estatus de este territorio empezó a cambiar. Los británicos querían consolidar mejor sus posesiones y, en 1831, establecieron lo que se denominó Guayana Británica. Esto entraba en conflicto con las reivindicaciones venezolanas, que insistían en que gran parte del territorio más allá del río Esequibo les pertenecía. El revolucionario latinoamericano Simón Bolívar dirigió una carta a los británicos en la que declaraba que sería muy imprudente que se establecieran allí.

Sin embargo, se instalaron allí, y este enclave británico en el corazón de América Latina siguió siendo territorio británico hasta 1966. Ese fue el año en el que se concedió por primera vez la autonomía a este país sudamericano, de florecimiento tardío (al menos en lo que respecta a la independencia).

Justo al lado, los holandeses mantenían un pequeño punto de apoyo que acabaría convirtiéndose en la nación independiente de Surinam. Los franceses también estaban asentando territorios en la región que más tarde se denominaría Guayana Francesa.

Los franceses establecieron por primera vez el asentamiento de Cayena en la costa más nororiental de las Guayanas en 1643. La Guayana Francesa se construyó en gran medida sobre las plantaciones de azúcar y el triste legado de la esclavitud. Esta situación no cambió hasta después de la Revolución francesa, cuando el órgano revolucionario de la Convención Nacional abolió oficialmente esta práctica en 1794.

Curiosamente, tras el fin de la esclavitud, la Guayana Francesa se transformó en una especie de colonia penal en la que los franceses enviaban a sus criminales condenados a trabajar en las plantaciones en lugar de utilizar esclavos. Seguían siendo trabajos forzados, pero como estos hombres habían sido condenados por delitos, se consideraba más o menos como una especie de servicio a la comunidad en el que podían pagar su deuda con la sociedad. Napoleón recuperó la esclavitud en las colonias una vez que tomó el control de Francia.

Durante el caos de las guerras napoleónicas, Francia perdió brevemente la Guayana Francesa a manos de los portugueses. El territorio fue devuelto a los franceses en 1814 con la ratificación del Tratado de París. La Guayana Francesa se enfrentaría a menudo con sus vecinos latinoamericanos, y llegaría a enfrentarse con Brasil en una violenta escaramuza fronteriza.

Brasil, que estaba al sur de la Guayana Francesa, había seguido un rumbo muy diferente al independizarse de su señor colonial de ultramar. Como se ha mencionado anteriormente en este libro, aunque Brasil se independizó de Portugal, se estableció como una monarquía constitucional con su propia dinastía de emperadores brasileños. El primer emperador fue Pedro I, antiguo príncipe portugués.

En 1831, Pedro fue sucedido por su hijo, Pedro II. Pedro II era solo un niño cuando se le entregaron las riendas del poder brasileño, por lo que se estableció una regencia que gobernó en su lugar hasta su mayoría de edad. Como solía ocurrir en las monarquías europeas, este periodo intermedio resultó ser vulnerable a los disturbios. Se empezaron a oír rumores de revolución en las calles.

Los regentes y administradores oficiales que ejercían la regencia del joven Pedro II comenzaron a realizar diversas reformas, pensando que así se calmaría parte de la inquietud que se había apoderado de la nación. Promulgaron medidas para reducir la autoridad del gobierno central, y también redujeron el ejército imperial. Pero, como suele ocurrir cuando las monarquías recortan su propio poder, cuanta más libertad se daba, más libertades se exigían.

Las autoridades provinciales también empezaron a irritarse por el hecho de que Pedro II tuviera una corte llena de funcionarios portugueses bien conectados. (Hay que tener en cuenta que el propio Pedro II había nacido en Brasil, lo que daba a la corte algunos vínculos directos con la nación). Décadas antes, en muchas partes de la América española, los criollos nacidos en el país comenzaron a enfrentarse a los españoles nacidos en ultramar. Y algo parecido ocurrió con Brasil durante el reinado de Pedro II, con los brasileños utilizando el «¡Brasil para los brasileños!» como grito de guerra.

La situación llegó a su punto álgido en 1835 con el estallido de la guerra de los Traperos. La guerra surgió de una facción de rebeldes con base en Rio Grande do Sul, en el sur de Brasil. El objetivo de los rebeldes era derrocar la monarquía y establecer una república libre. También pretendían librar a Brasil de la esclavitud. Dado que las plantaciones de azúcar llenaban las arcas de Brasil, la monarquía se había resistido a abolir esta práctica.

Al principio, las autoridades brasileñas se vieron sorprendidas. Rápidamente intentaron acabar con los rebeldes, pero se encontraron con que las reformas anteriores habían reducido el tamaño del ejército. Así que, una vez más, reforzaron el ejército brasileño y pasaron a la ofensiva. También invirtieron completamente el curso de las reformas liberales que se estaban llevando a cabo e instituyeron una dura represión. Y aunque Pedro II era apenas un adolescente en ese momento, en 1840, la preocupada regencia se apresuró a finalizar su coronación.

La paz no se restablecería completamente en Brasil hasta el final de la década, pero los efectos serían duraderos. En lugar de ser reformista, el gobierno brasileño se volvería más reaccionario. A partir de ese momento, el cambio se produciría a un ritmo mucho más lento para la nación. Así lo indica el hecho de que Brasil fue el último país latinoamericano en eliminar la esclavitud; no puso fin a esta práctica hasta 1888. Mientras tanto, las numerosas amenazas internas y externas a la estabilidad de América Latina seguirían creciendo.

Capítulo 7 - Conflictos internos y externos

En la década de 1840, casi toda América Latina se había liberado de la dominación europea. En ese momento, solo Cuba, Puerto Rico y la Guayana Francesa seguían bajo el dominio colonial; las dos primeras fueron gobernadas por la corona española hasta 1898. (La Guayana Francesa es hoy un territorio autónomo de Francia; se convirtió en un departamento de ultramar en 1946). Sin embargo, muchas de las nuevas naciones independientes seguían encontrándose en posiciones vulnerables debido a conflictos tanto internos como externos.

La amenaza de invasión directa por parte de las potencias europeas se había reducido, en su mayor parte, gracias a Estados Unidos, cuya Doctrina Monroe trazaba una línea al respecto. Esta doctrina parecía reforzar la seguridad de toda Latinoamérica al sugerir que Estados Unidos se involucraría si se producía una intervención extranjera en las Américas. Y muchos latinoamericanos miraban a Estados Unidos en busca de inspiración sobre cómo dirigir sus recién creadas repúblicas independientes.

Pero aunque Estados Unidos inspiraba emulación, y su declaración a Europa de que mantuviera sus manos fuera de las Américas proporcionaba cierta admiración, América Latina empezó a ver una nueva cara de Estados Unidos a medida que pasaban los años. La visión que América Latina tenía de sus vecinos del norte se vería seriamente sacudida cuando los latinoamericanos se encontraron con la agresión de los propios Estados Unidos. El ejemplo más claro de esto en acción es quizás la guerra mexicano-estadounidense.

Este conflicto es extremadamente complejo. Y por mucho que se quiera pintar a un bando como el «bueno» y al otro como el «malo», es más complicado que eso. Para entender bien lo que realmente ocurrió, lo mejor sería empezar por las primeras raíces de este conflicto.

A principios de la década de 1830, México pasó por una serie de líderes conflictivos, que finalmente terminaron con el general Antonio López de Santa Anna en el poder en 1833. Muchos esperaban que Santa Anna devolviera al menos algo de orden a la sociedad mexicana. Pero Santa Anna resultaría, en muchos aspectos, tan propenso a la corrupción y la discordia como sus predecesores.

Fue en medio de este infeliz panorama cuando los colonos de Estados Unidos comenzaron a invadir la frontera noreste de México en la región que ahora llamamos Texas. Entre ellos se encontraba un pionero llamado Sam Houston. No se trataba tanto de una invasión como de una aclimatación. Los estadounidenses se trasladaron y se aclimataron lentamente a la frontera de Texas.

Esta región de México nunca había estado densamente poblada ni por los mexicanos ni por los españoles. Era en gran medida una extensión de tierra vacía que no había sido poblada. La región estaba alejada de los principales centros de poder mexicanos, y también estaban expuestos a frecuentes incursiones de las tribus locales de apaches y comanches. Los funcionarios mexicanos se sentían frustrados por la lentitud de los asentamientos y empezaron a animar a los estadounidenses a ir a vivir allí para ayudar en el proceso de asentamiento.

En 1835, unos sesenta y ocho mil estadounidenses vivían en esta región escasamente poblada. Esta región atrajo a todo tipo de aventureros estadounidenses, hombres de frontera y familias que buscaban una vida mejor con la promesa de la tierra. Sin embargo, estos colonos estadounidenses a menudo se encontraban en desacuerdo con los dirigentes mexicanos.

Los norteamericanos se habían rebelado y amotinado bajo el corrupto Bustamante, con disturbios masivos en 1830. Y para 1832, muchos habían expresado su solidaridad con el ascenso al poder de Santa Anna. No pasó mucho tiempo antes de que los tejanos también se disgustaran con Santa Anna. En 1835, la Revolución de Texas estalló en serio. Los colonos tejanos, así como los tejanos mismos, unieron sus fuerzas contra los militares mexicanos. Los tejanos eran los residentes de larga data que originalmente descendían de colonos españoles.

La primera batalla importante de este conflicto tuvo lugar cerca del asentamiento tejano de Gonzales el 2 de octubre de 1835. Este primer intercambio se conoce como la batalla de Gonzales, y resultó ser una gran victoria para los tejanos. Curiosamente, esta primera gran pelea se produjo por un pequeño desacuerdo sobre un cañón.

Los tejanos de Gonzales habían recibido previamente un cañón para ayudarlos a combatir los ataques de la tribu comanche. Una vez que estallaron los disturbios en Texas, llegó un destacamento de tropas mexicanas y exigió la devolución del cañón. Al parecer, los oficiales mexicanos no querían que los colonos estadounidenses tuvieran ningún tipo de artillería pesada. Sin embargo, los colonos ya se estaban preparando para la guerra y no iban a renunciar al mejor cañón que tenían.

Cuando las tropas mexicanas se acercaron, el grito de guerra de los defensores fue: «¡Vengan y tómenla!». En otras palabras, los tejanos declaraban que si los oficiales mexicanos querían recuperar su cañón, tendrían que venir y tomarlo ellos mismos. Los tejanos lucharon ferozmente y, tras la muerte de un par de tropas mexicanas, el destacamento mexicano decidió retirarse y reagruparse.

Aunque esta «batalla» podría definirse mejor como una «escaramuza», los tejanos se sintieron alentados por lo que percibieron como una victoria. Poco después, en noviembre de 1835, los revolucionarios tejanos se reunieron y anunciaron un gobierno provisional, al que llamaron la Consulta. Todavía no se había declarado la independencia, pero Texas estaba en camino de hacerlo.

Entretanto, Santa Anna estaba dispuesto a contraatacar. En febrero de 1836, envió un gran ejército de unos tres mil soldados a San Antonio para enfrentarse a un líder rebelde llamado Bill Travis. Este y unos 150 de sus compatriotas se refugiaron en una antigua misión convertida en fortaleza conocida como El Álamo. Santa Anna esperaba que si el Álamo era tomado, los mexicanos podrían retomar más fácilmente todo San Antonio.

Aunque los rebeldes tejanos estaban en gran número, lucharon mucho más duro de lo que se esperaba. En lugar de rendirse, los defensores de El Álamo lucharon literalmente hasta la muerte, con los famosos fronterizos Davy Crocket y James Bowie entre los muertos. Al final, las pequeñas fuerzas de los defensores de El Álamo fueron superadas por las fuerzas mexicanas, mucho más numerosas. Pero podría haber terminado de forma mucho más dramática. Se ha dicho que el último hombre en morir —Robert Evans— se arrastraba hacia un enorme montón de pólvora con una antorcha encendida justo cuando le dispararon. Si este hombre hubiera alcanzado ese montón de pólvora y le hubiera prendido fuego, todo el edificio habría volado en pedazos, no solo matándose a sí mismo, sino también a gran parte del ejército mexicano.

En cualquier caso, durante la batalla por El Álamo, los tejanos declararon abiertamente su independencia. La independencia se declaró oficialmente el 2 de marzo. Los resistentes en El Álamo fueron finalmente aniquilados el 6 de marzo. Parece que la destrucción de El Álamo, más que aplastar la voluntad de lucha de los rebeldes, los envalentonó. El grito de «¡Recuerden El Álamo!» estaría ahora en los labios de los tejanos mientras cargaban hacia la batalla.

Un hombre llamado David Burnet fue nombrado presidente provisional de la República de Texas, y Sam Houston se convirtió en el máximo comandante de las fuerzas armadas tejanas. Houston sabía que el ejército no podría resistir otra gran derrota. Sus tropas eran menos de mil, así que tuvo que utilizarlas con mucho cuidado.

A medida que las fuerzas de Santa Anna se acercaban, Houston tuvo cuidado de no enfrentarse a ellas en una batalla abierta, para no perder demasiadas de sus menguadas tropas. Houston se dirigió hacia el este, alejándose del ejército mexicano que se acercaba, y esencialmente luchó en retaguardia, eliminando a los soldados mexicanos y luego moviéndose fuera de su alcance. Santa Anna consiguió finalmente acorralar a las fuerzas de Houston el 21 de abril de 1836, obligando a los tejanos a detenerse ante un bosque y el río San Jacinto.

Houston y sus hombres sabían que era todo o nada, así que se volvieron contra sus enemigos y dieron una tremenda pelea. Aunque no se sabe con certeza el número exacto, se estima que Santa Anna contaba con unos 1.300 soldados en ese momento, mientras que el ejército de Houston contaba con unos 700. Los tejanos estaban en inferioridad numérica, pero incluso en una situación comprometida como esa lucharon hasta el final. Los tejanos lucharon contra las líneas mexicanas y se mantuvieron a la ofensiva.

Increíblemente, en cuestión de minutos, cientos de tropas mexicanas estaban muertas, y otros cientos estaban heridas. Las bajas entre el ejército de Houston fueron mínimas. Al final, el ejército mexicano fue derrotado de forma decisiva y Santa Anna fue capturado. Los miembros más entusiastas del contingente de Sam Houston pedían a gritos la ejecución de Santa Anna, probablemente por su recuerdo de El Álamo. Sin embargo, Sam Houston tenía otra cosa en mente.

Le dijo al general Santa Anna que lo dejaría ir y le perdonaría la vida siempre y cuando se comprometiera a reconocer la plena independencia de Texas. Santa Anna se dio cuenta de la posición en la que se encontraba y, comprensiblemente, aceptó. Esto llevó a la firma del Acuerdo de Velasco el 14 de mayo de 1836. Este tratado estipulaba que las tropas mexicanas se retirarían al sur del río Grande y que habría un reconocimiento oficial de la República de Texas.

Este tratado fue obviamente forjado bajo gran coacción, y como tal, es comprensible que más tarde fuera cuestionado. No obstante, la República independiente de Texas siguió adelante, y Sam Houston fue elegido presidente el 5 de septiembre de 1836. Al año siguiente, la capital de la república se estableció en la ciudad homónima de Sam, Houston, Texas.

Santa Anna, que había regresado a México, fue destituido y sustituido nada menos que por Anastasio Bustamante, recién llegado de su exilio en Inglaterra. Bustamante se negó a reconocer a la República de Texas, pero tampoco estaba dispuesto a emprender una guerra total contra ella. En lugar de ello, se limitó a enviar un contingente de tropas dirigido por el general José de Urrea para que se situara entre el río Nueces y el río Grande. Esto fue aparentemente para prevenir cualquier expansión u hostilidad por parte de los tejanos mientras el gobierno mexicano se preparaba para frenar lo que todavía consideraban una provincia rebelde y escindida. Este punto muerto se mantuvo hasta el 5 de marzo de 1842, cuando las tropas mexicanas enviaron unos quinientos soldados a la frontera con Texas y procedieron a sitiar San Antonio.

Mientras tanto, el anteriormente derrocado Santa Anna se las había arreglado para volver al poder. Santa Anna pasaría un par de años más actuando como «dictador en jefe» antes de que la turbulenta política de México lo obligara a dimitir una vez más y buscar refugio en Cuba.

Mientras esto ocurría en México, Estados Unidos, tras muchas reflexiones y deliberaciones, acordó anexionar Texas. Muchos en México, por supuesto, habían estado flotando durante mucho tiempo la idea de que toda la idea de la República de Texas era solo una artimaña para la anexión de Estados Unidos. Y cuando finalmente ocurrió, México obviamente no iba a quedarse de brazos cruzados. Para ellos, se trataba de un claro acto de agresión por parte de los estadounidenses. Las disputas fronterizas con Texas no tardaron en estallar de nuevo.

En 1846, las fuerzas de Estados Unidos se vieron involucradas directamente en la lucha. El general estadounidense Zachary Taylor hizo marchar a sus tropas sobre el río Nueces y justo en lo que se consideraba territorio en disputa entre Texas y México en ese momento. Esto marcó el inicio de la guerra mexicano-estadounidense. Santa Anna no tardó en ser llamado de vuelta de su exilio, no para ser presidente, sino para convertirse en el máximo comandante de las fuerzas armadas mexicanas.

La primera victoria correspondió a los estadounidenses, que derrotaron a las tropas mexicanas en la batalla de Matamoros. Sin embargo, Santa Anna fue capaz de reunir a las tropas a su mando y librar una tremenda batalla en la ciudad de Monterrey, deteniendo el avance americano.

El general Santa Anna, con sus indiscreciones pasadas aparentemente perdonadas, estaba dispuesto a demostrar su valía en la batalla. Dirigió un gran contingente de tropas mexicanas a Buena Vista, donde se enfrentaron a los estadounidenses hasta un sangriento empate. Los estadounidenses esperaban una victoria fácil y rápida, pero el vengativo Santa Anna estaba dispuesto a asegurarse de que las fuerzas armadas estadounidenses pagaran un alto precio.

Los soldados estadounidenses pudieron enviar refuerzos, y los militares desembarcaron más tropas por mar en la ciudad portuaria de Veracruz. Esta versión latinoamericana del Día D fue dirigida por el general estadounidense Winfield Scott. Las fuerzas del general Scott desembarcaron con las armas en ristre, abriéndose paso desde la costa y a través de los pueblos hasta llegar a una base militar mexicana llamada Castillo de Chapultepec.

Después de que los estadounidenses consiguieran invadir esta fortaleza, pudieron dirigirse a Ciudad de México y ocupar la propia capital mexicana. Esto llevó a la vergonzosa firma del Tratado de Guadalupe Hidalgo el 2 de febrero de 1848. Este tratado no solo obligó a México a renunciar para siempre a su dominio sobre Texas, sino que el gobierno mexicano también tuvo que ceder toda una franja de territorio que más tarde se convertiría en los estados norteamericanos de California, Arizona y Nuevo México.

Sin embargo, el gobierno mexicano no se fue con las manos completamente vacías; Estados Unidos aceptó pagar quince millones de dólares por las nuevas tierras recibidas. La verdad es que el gobierno mexicano, con problemas de liquidez, necesitaba esta entrada de dinero en ese momento. Un México completamente desmoralizado necesitaba reconstruirse, y estos ingresos le ayudarían a hacerlo.

El derrotado Santa Anna se exilió brevemente en Colombia antes de volver a ser llamado a México para dirigir el país. El último acto de Santa Anna fue vender aún más tierras mexicanas a los estadounidenses en la Compra de Gadsden por la suma de diez millones de dólares. Este territorio se incorporaría más tarde a las mitades inferiores de los estados norteamericanos de Nuevo México y Arizona. Fue una decisión impopular en México, y Santa Anna fue derrocado una vez más. Este sería el fin de la gran influencia de Santa Anna en la política mexicana, y perecería en la oscuridad como un viejo triste y desilusionado en 1872.

El conflicto entre Estados Unidos y México fue quizás la crisis más extrema que enfrentó América Latina en materia de intervención extranjera (exceptuando la época colonial, por supuesto). Pero no fue la única. En 1855, un mercenario estadounidense proesclavista llamado William Walker lanzó una invasión a Nicaragua y ocupó la ciudad de Granada. Esperaba facilitar la anexión de un nuevo territorio a Estados Unidos, que esperaba que se convirtiera en favorable a la esclavitud.

Los Estados Unidos llevaban mucho tiempo divididos en cuanto a la cuestión de la esclavitud, ya que la mayoría de los estados del norte habían abolido esta práctica, mientras que los estados del sur seguían haciendo uso de ella. Antes de la guerra civil estadounidense, que abolió definitivamente todas las formas de esclavitud, era práctica común que cada nuevo estado admitido en la Unión fuera considerado o bien «estado libre» o bien «estado esclavista». William Walker esperaba que Nicaragua pudiera anexionarse como estado esclavista y así reforzar la práctica. Su plan se deshizo en 1857 cuando una confederación de tropas centroamericanas lo echó de Nicaragua.

Otra forma de injerencia extranjera afectaría a México a principios de la década de 1860. Francia había estado comprando tierras en México y concediendo préstamos. México dejó de pagar su deuda cuando Francia exigió que el gobierno mexicano pagara. En 1862, el francés Napoleón III tomó la drástica medida de lanzar una invasión a México (¡hasta aquí llegó la Doctrina Monroe!). Las tropas francesas desembarcaron en Veracruz y se prepararon para marchar hacia la propia Ciudad de México. Pero antes de llegar a la ciudad de México, tuvieron que enfrentarse a una guarnición de unos cuatro mil soldados mexicanos en la ciudad de Puebla.

Las fuerzas francesas, que superaban en número a los defensores mexicanos, deberían haber conseguido una victoria fácil. No solo contaban con un ejército más numeroso, sino también con soldados mejor entrenados y armados. Las tropas de Puebla se habían reunido de forma precipitada y contaban con armas de fuego obsoletas. Sin embargo, parece que el comandante de las tropas francesas estaba quizás demasiado confiado.

El 5 de mayo, cuando comenzó la batalla, en lugar de eliminar fácilmente a los defensores con sus mejores armas, el comandante francés ordenó atacar directamente a los combatientes poblanos. Hizo que sus hombres se lanzaran por un terreno accidentado hacia una lluvia de balas, justo hacia la sección más fuerte del ejército de los defensores de Puebla. En lo que debe ser una de las operaciones militares peor concebidas de la historia, este ataque suicida fracasó por completo, y miles de tropas francesas murieron antes de ser suspendido.

Hasta hoy, el pueblo mexicano honra la victoria de los defensores de Puebla con la celebración del Cinco de Mayo. Aunque una fuerza aún mayor derrotaría a los mexicanos en la segunda batalla de Puebla, que condujo a la ocupación de Ciudad de México, esta victoria inicial sería recordada durante mucho tiempo.

Tan pronto como Napoleón III se enteró de la derrota en la primera batalla de Puebla, se enfureció absolutamente. Inmediatamente envió unos veintiocho mil soldados franceses frescos bajo los auspicios del general Élie Frédéric Forey para recuperar la dignidad francesa. Sin embargo, los mexicanos también se habían movilizado en ese momento, así que cuando los franceses lanzaron su segundo asalto en 1863, se enfrentaron a un grupo de treinta mil combatientes mexicanos. En lugar de realizar un ataque temerario, el general Forey aprovechó la superioridad de la potencia de fuego de la que disponían los franceses y fue golpeando lentamente y astillando las columnas mexicanas desde la distancia. Las fuerzas mexicanas de Puebla se vieron finalmente obligadas a rendirse el 16 de mayo de 1863.

El presidente de México, Benito Juárez, se dio cuenta de que no tenía suficientes tropas para defender adecuadamente la capital. Sabiendo lo infructuoso de la causa, tomó la fatídica decisión de evacuarse a sí mismo y a su séquito de la ciudad y buscar refugio en la cercana San Luis Potosí.

El general Forey entró en la ciudad de México el 10 de junio, completamente sin oposición. Con la Ciudad de México asegurada, Napoleón III preparó a su dictador títere, Maximiliano I, para gobernar como emperador de México. Tras varios meses de planificación de su nueva actuación imperial como potentado de

América Latina, Maximiliano llegó a Veracruz el 28 de mayo de 1864.

Mientras tanto, el ejército francés aún tenía mucho trabajo por hacer. Habían conquistado varias ciudades, pero Juárez y su gobierno en el exilio seguían sueltos. Juárez estaba quizás en una situación crítica en este punto, pero aguantaría el tiempo suficiente para recibir un impulso significativo. Poco después de que la guerra civil estadounidense llegara a su fin en 1865, las armas del gobierno federal de Estados Unidos empezaron a llegar al régimen de Juárez.

El ejército de la Unión del Norte también estaba en Texas, en la frontera sur de México, listo para intervenir en favor de Juárez si era necesario. Los estadounidenses, que hasta entonces habían sido el enemigo acérrimo de México, se convirtieron de repente en su mejor amigo. A medida que la resistencia mexicana se endurecía, Napoleón III se dio cuenta de la situación. Comenzó a ordenar a las tropas francesas que se prepararan para la retirada.

Maximiliano fue informado con antelación de este plan, y se le dejó claro que tendría que abdicar inmediatamente del trono. Maximiliano se mostró reacio a aceptar y decidió quedarse. A pesar de las súplicas del último contingente de tropas francesas que se marchaban, declaró su intención de luchar hasta el final. En realidad, no se trataba de una toma de poder; Maximiliano no quería abandonar a sus seguidores en los momentos de necesidad.

Maximiliano se quedó con un pequeño ejército de leales combatientes mexicanos, que fue reforzado por unos pocos mercenarios extranjeros. Su causa era inútil, pero siguió adelante. Las tropas de Maximiliano fueron derrotadas y él fue capturado por el ejército mexicano. Poco después de que Benito Juárez fuera restablecido en la presidencia, hizo que el aspirante a emperador de treinta y cuatro años fuera ejecutado por un pelotón de fusilamiento el 19 de junio de 1867.

Durante el asunto de Maximiliano en México, estalló otro gran conflicto latinoamericano. Fue conocido como la guerra de la Triple Alianza. Esta guerra involucró a Paraguay y a la triple alianza de Brasil, Argentina y Uruguay. Antes del estallido de este conflicto masivo, Paraguay había sido uno de los países más pacíficos y estables de toda América Latina. Por supuesto, era estable en gran parte debido al fuerte e indiscutible liderazgo de los benévolos déspotas paraguayos.

El primer dictador en jefe de Paraguay fue José Gaspar Rodríguez de Francia. José era un abogado obsesionado con crear una sociedad utópica en Sudamérica. Fue apodado «El Supremo» por el pueblo y gobernó desde la capital paraguaya, Asunción, con puño de hierro (o mejor aún, con guante de terciopelo) hasta su muerte en 1840. Era tirano, pero se preocupaba por el bienestar del pueblo.

Aunque cortó el contacto con las naciones del exterior, se aseguró de que Paraguay fuera totalmente autosuficiente. Se cultivaban abundantes cosechas, se criaba ganado y se producían los textiles locales necesarios. A este rey ermitaño de Paraguay le siguió Carlos Antonio López, que se convirtió en el líder de Paraguay en 1841.

Tras el gobierno de José como líder de un verdadero reino ermitaño, López hizo mucho por intentar abrir Paraguay al mundo exterior. Dio la bienvenida a la modernización y al libre comercio. También introdujo el primer periódico en el país, permitiendo el acceso a ideas y opiniones del exterior. Tras la muerte de Carlos, su hijo, Francisco Solano López, llegó al poder. Hasta ese momento, Paraguay no se había enfrentado a los tumultos internos y externos que muchos otros países latinoamericanos ya habían sufrido.

Pero con Francisco Solano López llegarían algunos de los mayores problemas de Paraguay. En lugar de ser elegido, Francisco fue simplemente nombrado por su padre como si fuera el heredero del trono. Francisco López había servido previamente en las fuerzas armadas, y demostró tener una gran mentalidad militar a la hora de hacer política.

López reconstruyó el ejército paraguayo, comprando embarcaciones y armamento a Francia. También mejoró las comunicaciones y los transportes, instalando líneas ferroviarias y telegráficas. Pero lo que realmente buscaba Francisco López era una oportunidad para poner a prueba su poderío marcial contra los países vecinos de Paraguay. La encontró en las continuas escaramuzas que Brasil mantenía con Uruguay.

El vecino Uruguay se encontraba en un estado de agitación interna, con dos facciones políticas —los Blancos y los Colorados— enfrentadas. Brasil se puso del lado de los Colorados, más liberales, que se oponían al Partido Blanco, más conservador, de Uruguay. Pero López ya se había alineado con los Blancos y se negó a dar marcha atrás. También comenzó a interferir en la navegación brasileña. En noviembre de 1864, hizo detener por la fuerza un barco de vapor brasileño en el río Paraguay.

Este acto de agresión fue rápidamente seguido por una guerra total, con Francisco enviando las tropas paraguayas que había estado entrenando tan duramente hacia el propio Brasil. Francisco López trató entonces de realizar una maniobra de desbordamiento enviando un lote adicional de tropas hacia el distrito provincial argentino de Corrientes, como medio para deshacerse de las tropas brasileñas en Uruguay.

Argentina, por supuesto, no iba a aceptar tales intrusiones. A pesar de que Argentina y Brasil estaban enfrentados en ese momento, decidieron unir sus fuerzas contra Paraguay. Los rebeldes apoyados por Paraguay —los blancos— acabaron perdiendo la lucha, capitulando ante los colorados en 1865. Todo lo que Francisco había logrado al apoyar al ahora derrotado Partido Blanco fue el privilegio de que la nación uruguaya, ahora totalmente unida, forjara un frente unido con Argentina y Brasil contra Paraguay.

La guerra de la Triple Alianza había comenzado. Francisco había conseguido más de lo que esperaba, pero sus soldados paraguayos lucharon con gran valor y vigor. Aun así, las probabilidades estaban demasiado en contra de Paraguay. Pronto Brasil envió naves por el río Paraguay hasta el centro del país. Los paraguayos comenzaron a librar una guerra de guerrillas. Los combatientes irregulares paraguayos utilizaban canoas o simplemente nadaban para alcanzar las embarcaciones enemigas brasileñas y hacían todo lo posible por inutilizarlas.

A pesar de los defectos de Paraguay, una cosa que esta invasión de la patria paraguaya dejó bastante clara fue que los paraguayos eran un pueblo muy unido. A diferencia de muchos otros países latinoamericanos, en los que la sociedad estaba completamente dividida entre varias clases y facciones llenas de resentimiento entre sí, los paraguayos parecían estar de acuerdo.

Y ciertamente lucharon como una nación unida de personas. Esto se demostró cuando seis mil paraguayos lanzaron un ataque casi suicida contra cuarenta mil tropas combinadas de la Triple Alianza. En su propia versión de las Termópilas, estos valientes intentaron frustrar el paso del ejército brasileño, mucho más numeroso, por un estrecho paso. Pero, a pesar de su valentía, su causa resultó inútil.

Las tropas aliadas se abrieron paso hasta la capital paraguaya. El propio López se vio obligado a huir, pero fue capturado y asesinado, y sus restos fueron arrojados al viento. Paraguay se vio obligado a establecer un nuevo gobierno provisional en 1870 bajo la presión de los aliados victoriosos. También se vio obligado a pagar reparaciones por la guerra y a hacer concesiones territoriales. En total, Paraguay perdería al menos una cuarta parte de todo su territorio debido a las concesiones que tendría que hacer.

Debido a las continuas disputas, un presidente de los Estados Unidos fue arrastrado a este conflicto. El presidente Rutherford B. Hayes terminó arbitrando en 1878 en los desacuerdos entre Paraguay y Argentina por la región del Chaco Pilcomayo.

Pero el mayor precio de todo fue el de las bajas. Se ha dicho que la mitad de la población paraguaya total fue diezmada en esta terrible guerra. Y lo que es peor, una nación que hasta entonces había sido estable se sumió en décadas de inestabilidad y corrupción interna.

Capítulo 8 - América Latina: Peregrinos del progreso

En vísperas del siglo XX, en 1898, se eliminó por fin el último vestigio del dominio español en América Latina. En ese año, los Estados Unidos de América entraron en guerra con España y se apoderaron de las posesiones españolas de ultramar de Cuba y Puerto Rico (por no hablar de Guam y Filipinas).

Los acontecimientos que condujeron a la guerra hispano-estadounidense siguen siendo controvertidos hasta el día de hoy. En retrospectiva, se podría considerar que no fue más que una apropiación imperialista de tierras por parte de Estados Unidos. Ya en 1898 hubo muchos críticos que la describieron así. Pero, por otro lado, había un propósito altruista.

Muchos ciudadanos del Caribe habían estado clamando por la independencia. Haití, por supuesto, fue la primera nación latinoamericana en encontrar la independencia, pero los hermanos caribeños de Haití fueron bastante lentos en seguir su ejemplo. Después de una lucha, la vecina de Haití, la República Dominicana, obtuvo finalmente la independencia total en 1844.

Los dominicanos se habían librado del yugo español en 1821, para luego ser anexionados por la propia vecina Haití. Los luchadores por la libertad dominicana lucharon durante casi dos décadas para librarse del dominio haitiano. La principal facción independentista, que se formó en 1838, se llamaba a sí misma La

Trinitaria. Fue fundada por el revolucionario haitiano Juan Pablo Duarte. Los revolucionarios dominicanos desencadenaron un gran levantamiento en 1844, que acabaría conduciendo a la plena independencia de la República Dominicana.

En Cuba, algunos invitaron abiertamente a que se produjera una intervención liderada por Estados Unidos. La primera gran rebelión se produjo en 1868, cuando una revuelta popular contra el dominio español dio inicio a lo que se conoce como la guerra de los Diez Años. A esta le siguió la llamada «pequeña guerra», que acabó siendo tan pequeña que no consiguió ningún tipo de repercusión.

Fue entonces cuando muchos luchadores por la libertad de Cuba empezaron a buscar la ayuda de Estados Unidos. Un disidente cubano, José Martí, llegó incluso a Nueva York para fundar personalmente el Partido Revolucionario Cubano. Martí sería asesinado pocos años después mientras luchaba con las tropas españolas en 1895. Los españoles habían reprimido realmente a los revolucionarios en ese momento e incluso habían establecido enormes centros de detención en los que los cubanos disidentes eran retenidos en condiciones miserables.

Dicho esto, había quienes pedían la intervención de Estados Unidos por motivos puramente humanitarios. Y cuando las cosas se estaban poniendo muy feas en Cuba, Estados Unidos navegó con uno de sus cruceros de batalla —el USS *Maine*— hasta el puerto de La Habana. No se trataba de un acto de agresión por parte de los norteamericanos, sino de una forma de salvaguardar los intereses estadounidenses en la región.

Sin embargo, el USS *Maine* sufriría un desastre, ya que fue sacudido por una enorme explosión. El barco quedó destruido y la mayoría de los miembros de la tripulación murieron. Hasta la fecha, no está claro si el barco fue atacado, si chocó con una mina o si su propio motor explotó accidentalmente. Pero para los enfadados estadounidenses en casa, no parecía importar la causa. Poco después del hundimiento del USS *Maine*, el grito de guerra popular de las tropas estadounidenses fue: «¡Recuerden el Maine! ¡Al diablo con España!».

El presidente estadounidense William McKinley era reacio a iniciar una guerra con España, pero sabía que la opinión pública no quedaría satisfecha a menos que se hiciera la guerra. Básicamente se lavó las manos en el asunto y dejó la decisión en manos del Congreso. El Congreso estadounidense votó mayoritariamente a favor de la guerra.

A diferencia de la guerra mexicano-estadounidense, la guerra hispano-estadounidense fue muy breve. La Armada de Estados Unidos consiguió destruir la flota española en el Pacífico y, al mismo tiempo, lanzar una invasión terrestre de Cuba. Los estadounidenses derrotaron con contundencia a los españoles y les hicieron firmar el Tratado de París antes de que terminara el año. Este tratado otorgó a los Estados Unidos los territorios de Puerto Rico, Filipinas y Guam. También concedió a Cuba un estatus de protectorado temporal bajo los Estados Unidos. Cuba acabaría independizándose de España el 20 de mayo de 1902.

También se debió a la intervención de Estados Unidos (aunque algunos dirían que a la intromisión) que Panamá obtuvo su independencia al año siguiente, en 1903. A diferencia de Cuba, Estados Unidos apoyó la independencia de Panamá por un motivo ulterior. Colombia, de la que entonces formaba parte Panamá, se negó a aceptar las condiciones del gobierno estadounidense para la construcción de un canal a través de la delgada franja de tierra que ahora llamamos Panamá. Los Estados Unidos llevaban décadas deseando desesperadamente la apertura de este canal, ya que permitiría a su armada y a todas las demás embarcaciones cruzar más fácilmente del Atlántico al Pacífico. En lugar de navegar alrededor de la punta de Sudamérica, los barcos podrían cruzar a través de un canal excavado en esta delgada franja de tierra en medio de Centroamérica.

Coincidentemente, cuando Colombia no satisfizo estos intereses estadounidenses, los norteamericanos comenzaron a respaldar a los rebeldes panameños que deseaban separarse de Colombia. Y aún más casualmente, tan pronto como los rebeldes apoyados por Estados Unidos salieron victoriosos y Panamá se convirtió en una nación independiente, ¡se empezó a construir ese canal que los estadounidenses querían tan desesperadamente!

Por esa época, Estados Unidos explotaba activamente a otros países centroamericanos, como Honduras, mediante el respaldo de las llamadas «repúblicas bananeras».

El término en sí proviene de una serie de eventos infames en los que las corporaciones estadounidenses apoyaron a una facción política en Honduras y ayudaron al derrocamiento de un gobierno legítimo solo para asegurar que la nación permaneciera abierta a los intereses comerciales estadounidenses (como el negocio del plátano). La United Fruit Company había establecido enclaves enteros en Centroamérica, por lo que podía influir o presionar a los administradores locales con bastante facilidad. Estas «repúblicas bananeras» estaban completamente a merced de estas codiciosas corporaciones.

También hubo un extraño aspecto de neocolonialismo por parte de estas empresas estadounidenses. En algunos casos, se crearon las llamadas «ciudades de la empresa», que eran asentamientos formados exclusivamente por empleados de la empresa y sus familias. Estas ciudades de la compañía se hicieron para ser réplicas de la patria estadounidense y actuarían como pequeñas burbujas de la vida estadounidense. (Este es un buen momento para hablar de por qué Estados Unidos tiende a referirse a sí mismo simplemente como América. Después de todo, América Latina, América Central y América del Sur contienen la palabra «América». Los propios Estados Unidos están en América del Norte. Esto se debe a que son los Estados Unidos de América, por lo que en lugar de que sus habitantes se llamen a sí mismos ciudadanos estadounidenses, tienden a llamarse americanos).

Mientras tanto, el paisaje de América Latina estaba cambiando rápidamente. El país latinoamericano que más se resistía al cambio —Brasil— se había transformado considerablemente. Por un lado, Brasil abolió finalmente la práctica de la esclavitud en 1888, convirtiéndose en el último país latinoamericano en hacerlo. Y al año siguiente, se deshizo de su arcaica monarquía.

En el siglo XX, Brasil no sería un imperio, sino un estado-nación con dirigentes debidamente elegidos. La primera República Brasileña, que duraría de 1889 a 1930, consistiría en una federación de veinte estados brasileños administrados por la autoridad limitada de un gobierno central supremo.

El mayor auge de la economía brasileña durante este período fue el café. Desde entonces, el café había suplantado al azúcar como el producto de exportación más rentable de Brasil, y los cafeteros de la capital brasileña, São Paulo, estaban literalmente cosechando los beneficios de esta cosecha inesperada de granos de café. Y no es una exageración. Se ha informado de que, en los albores del siglo XX, Brasil producía la impresionante cantidad de dos tercios del café del mundo. Eso es mucho café, y muchísimo dinero.

Pero el café no era la única fuente de ingresos en Brasil. El auge de la minería en la región de Minas Gerais, en el sureste de Brasil, también aportaba grandes beneficios. Era lógico, ya que el propio nombre de esta localidad, abreviado del portugués original Minas dos Matos Gerais («Minas de los Bosques Generales»), siempre tuvo este propósito en mente. São Paulo y Minas Gerais se convirtieron en los dos centros de gravedad más importantes —y a veces rivales— de Brasil durante este periodo.

Brasil, en su conjunto, se había cansado de las campañas militares del pasado, especialmente de la sangrienta guerra de la Triple Alianza. Durante este periodo, se encontró con el deseo de obtener beneficios en lugar de hacer guerras. Y lo que es mejor, Brasil se convirtió en un verdadero pacificador en la escena mundial. Participó en el arbitraje de disputas internacionales en La Haya y fue un fuerte defensor del sentimiento panamericano. De hecho, la tercera Conferencia Panamericana oficial se celebró en la capital brasileña de Río de Janeiro en 1906.

El Brasil de esta época también se benefició del auge del caucho en América Latina. Los árboles de caucho brasileños adquirieron gran importancia debido al auge del automóvil a principios del siglo XX, ya que este precioso recurso era necesario para fabricar neumáticos de caucho para los coches. Esta industria proporcionaba mucho trabajo al brasileño medio, ya que se necesitaban equipos masivos de recolectores de árboles de caucho para conseguir este valioso material.

Sin embargo, esta industria tenía un lado oscuro, ya que a menudo empleaba a la población local con salarios muy bajos. Los responsables de la producción se hacían ridículamente ricos y se los llamaba «barones del caucho». Estos barones del caucho vivían una vida de excesos y lujos, mientras que los que hacían el trabajo duro sobre el terreno apenas tenían lo suficiente para ganarse la vida. Sin embargo, se dice que hacia el año 1910, la industria del caucho de Brasil estaba en auge y constituía un enorme sector de las exportaciones brasileñas.

Esta situación cambiaría repentinamente cuando el caucho de Malasia comenzó a producirse a gran escala en la década de 1920, reduciendo así el valor inherente del caucho propio de Brasil. Sí, la eterna regla de la oferta y la demanda no tardó en entrar en vigor, y con los mercados mundiales inundados de abundante caucho malayo más barato, el valor del caucho brasileño bajó considerablemente.

Esto provocó el cierre de muchas explotaciones de caucho y dejó a muchos sin trabajo. Justo antes de este declive, Brasil se había involucrado activamente en la Primera Guerra Mundial. Al estallar la guerra en 1914, Brasil se había comprometido con una postura de neutralidad. Brasil aún estaba resentido por los conflictos anteriores, por lo que desconfiaba del precio de la guerra. Aun así, la neutralidad de Brasil fue bastante costosa, ya que la guerra supuso un duro golpe para el comercio. Las naciones se atrincheraban y limitaban sus importaciones. Para un país como Brasil, cuyo sustento eran las exportaciones, era una situación muy mala. Sin embargo, Brasil intentó aguantar y mantener una posición de completa neutralidad. Solo después de que los submarinos alemanes hundieran varias embarcaciones mercantes brasileñas, el presidente brasileño Venceslau Brás decidió que ya era suficiente.

El presidente Brás entró en la guerra del lado de las potencias aliadas. Esta fatídica decisión daría a Brasil la distinción única de ser el único país latinoamericano que se comprometió plenamente en la Primera Guerra Mundial. La contribución real de Brasil a la guerra fue mínima, siendo la Marina brasileña la que más acción tuvo. Los barcos brasileños patrullaron el Atlántico y tuvieron varios enfrentamientos con submarinos alemanes al final del conflicto.

Aun así, el simbolismo de que América Latina se uniera a la causa aliada fue una gran inyección de moral. Y tras el final de la guerra en 1918, los brasileños empezaron a sentirse más seguros como nación ahora que se había convertido en un actor más en la escena mundial. Aun así, la agitación política localizada estaba en el futuro inmediato de Brasil. Las elecciones presidenciales de 1922 provocaron mucho malestar. Hubo gritos de malversación electoral en las urnas. Esto condujo a disturbios en todo el país, protagonizados por ciudadanos frustrados y descontentos.

Sin embargo, aún más preocupante fue la revuelta del Fuerte de Copacabana, que tuvo lugar el 5 de julio de ese año. Esta revuelta no fue liderada por ciudadanos de a pie, sino por militares de su base militar en el Fuerte de Copacabana. Tal vez no sea necesario decirlo, pero una cosa es que la ciudadanía se levante en armas y otra muy distinta es que los miembros de las fuerzas armadas se levanten en armas.

En 1922, esta particular manifestación fue sofocada cuando la fortaleza fue literalmente bombardeada. Un par de cruceros de combate brasileños estacionados cerca del fuerte recibieron la orden de abrir fuego. La revuelta fue sofocada, pero en realidad era solo un síntoma de lo que estaba por venir. Esta revuelta particular de los oficiales militares fue un producto del movimiento Tenentismo más amplio, liderado por miembros de las fuerzas armadas de Brasil que pedían una reforma a gran escala. El movimiento comenzó gradualmente a nivel del cuerpo de oficiales, pero acabaría desembocando en una revolución total en Brasil en 1930.

Junto con estas revueltas populares, el activismo político en Brasil durante este periodo no haría más que crecer. Los movimientos por los derechos de las mujeres, en particular, empezaron a cobrar fuerza. Estos movimientos, en muchos sentidos, reflejaban movimientos similares que estaban ocurriendo en Europa y Estados Unidos, pero a menudo tenían un énfasis más urgente.

En gran parte, esto se debió al temor de que los derechos de las mujeres latinoamericanas corrieran el riesgo de «quedarse atrás» con respecto a sus pares progresistas de Europa y Estados Unidos. Es un sentimiento complicado de explicar. Pero básicamente prevalecía en el aire un sentimiento de «más vale que nos movilicemos o nos quedaremos atrás». Las mujeres latinoamericanas habían observado con gran interés los movimientos sufragistas de Estados Unidos y Europa, y querían asegurarse de que ellas también pudieran beneficiarse del mismo activismo político.

Bertha Lutz fue una de las primeras defensoras brasileñas de los derechos de la mujer. El objetivo principal de Bertha era conseguir el derecho al voto para las mujeres brasileñas. Estados Unidos ya había concedido a las mujeres el derecho al voto en 1920, pero la lucha por el sufragio de las mujeres brasileñas llevaría más tiempo. El derecho al voto no se concedió plenamente a las mujeres de Brasil hasta 1932, y este cambio solo se produjo después de que la nación se viera sacudida por una revolución total.

En 1930, las revueltas en Brasil comenzarían a inclinar la balanza del poder. Los acontecimientos de 1930 fueron precedidos por otra elección presidencial polémica. El decimotercer (¿el desafortunado número trece?) y último presidente de la primera República brasileña, Washington Luís, fue elegido en 1926. Debido a la agitación recurrente en Brasil, a veces se dice que el presidente Luís presidió un Estado constantemente asediado.

Cuando se produjo el crack bursátil de 1929 y la subsiguiente Gran Depresión, el presidente Luis pasó de ser una administración presidencial en crisis a una administración presidencial artificial. Debido a su impopularidad y a la impopularidad de su partido, la exitosa elección de su sucesor, Julío Prestes, fue recibida con un escepticismo generalizado. Era como si alguien hubiera sido elegido mágicamente para el cargo, pero nadie en Brasil pudo encontrar a alguien que lo hubiera aprobado.

Como era de esperar, la gente no tardó en salir a la calle declarando que la última elección era una farsa. Esto condujo al lanzamiento de la Revolución de 1930. Los generales militares José Luís Mena Barreto y Augusto Tasso Fragoso y el almirante José Isaías de Noronha lideraron la lucha, y se formó un gobierno provisional. Esta junta militar instaló entonces al hombre que se presentó como opositor a Julío Prestes en las elecciones presidenciales de 1930: Getúlio Vargas.

Después de todo este drama, Vargas comenzó su mandato como presidente provisional el 3 de noviembre de 1930. Vargas era esencialmente un dictador en todo menos en el nombre. Con el apoyo de los militares, se encontró con un poder casi ilimitado para enderezar el rumbo de la nave brasileña. Vargas acabó ejecutando amplias reformas gubernamentales que podrían compararse con las del «New Deal» del presidente Franklin Delano Roosevelt, que se estaban llevando a cabo en Estados Unidos en esa misma época.

Las reformas económicas de Getúlio Vargas fueron populares, al igual que la concesión del sufragio femenino, que se produjo bajo su régimen. Después de cumplir su mandato provisional, Vargas fue «legalmente elegido» para el cargo bajo la nueva constitución el 20 de julio de 1934. Sin embargo, después de todo lo que había pasado Brasil, la legalidad debía estar en los ojos del espectador de la época. Y no todos estaban contentos con los resultados.

Mientras tanto, una insurgencia comunista había ido creciendo en el seno de Brasil. Las ideas comunistas flotaban en el aire desde las reflexiones del filósofo alemán del siglo XIX Karl Marx. Los rusos hicieron un uso práctico de las ideas de Marx en su revolución comunista de 1917. En la década de 1930, había muchos otros aspirantes a comunistas esperando, preguntándose si ellos también podrían transformar su nación en una utopía comunista.

En Brasil, un hombre llamado Luís Carlos Prestes encabezaba esta lucha. Prestes se atrevió a desafiar al presidente Vargas y lanzó su propio golpe comunista en 1935 contra el gobierno brasileño. Vargas todavía tenía el ejército de su lado y fue capaz de reunir a las tropas y hacer que esta insurgencia comunista fuera sofocada. Pero mientras los comunistas causaban problemas, Vargas tenía problemas con las insurgencias fascistas de la extrema derecha.

En ese momento, Alemania, Italia y Japón ya estaban consolidando sus respectivos dominios, y el fascismo parecía estar al acecho en cada esquina. La versión brasileña de esta amenaza llegó en forma de un grupo juvenil brasileño conocido como los Camisas Verdes. Aunque Vargas era un dictador, podría decirse que era un dictador moderado. Estaba tan desencantado con los fascistas de extrema derecha como con los comunistas de extrema izquierda. Trató de acabar rápidamente con ambos. Y, sintiéndose amenazado por todos los bandos, utilizó ambas insurgencias como razón para mantenerse en el poder. De hecho, anuló su propia constitución y proclamó una nueva en 1937, que se refería al estado corporativo de Brasil conocido como el «Nuevo Estado» o «Estado Novo». Esta nueva forma de gobierno ha sido descrita como una economía planificada y controlada por el dictador.

En medio de todo esto, los Camisas Verdes atacaron. Intentaron asesinar a Getúlio Vargas en su residencia presidencial en mayo de 1938. No está claro qué pasó con los guardaespaldas de Getúlio Vargas, pero por alguna razón, solo él y su hija se mantuvieron firmes, disparando sus armas desde la sala de recepción mientras una turba de agitadores de los Camisas Verdes se acercaba.

Los rebeldes fueron expulsados, pero el incidente tendría repercusiones duraderas. El incidente hizo que Brasil cortara prácticamente los lazos con Alemania y aumentó enormemente la popularidad de Vargas entre el brasileño medio. Dictador o no, para muchos se había convertido en una figura querida, otro déspota latinoamericano benigno. Y Getúlio Vargas, a pesar de sus defectos, mejoró el bienestar general de sus ciudadanos. Modernizó las infraestructuras de Brasil, aumentó la tasa de alfabetización de los niños, incrementó la producción industrial, proporcionó mejores viviendas a los pobres y mejoró las condiciones de trabajo. Todas estas cosas eran muy necesarias para la sociedad brasileña.

El siguiente cambio importante en la política brasileña se produjo con el estallido de la Segunda Guerra Mundial. Brasil ya se había distanciado de Alemania, y una vez que los alemanes invadieron Polonia en 1939, Vargas estaba más que dispuesto a unirse a los Aliados contra la agresión alemana. Cuando Estados Unidos fue arrastrado oficialmente a la guerra a finales de 1941, con el bombardeo de Pearl Harbor, el presidente Vargas estaba más que preparado para pedir la «solidaridad continental» en las Américas.

Y estaba dispuesto a respaldarlo. El 13 de diciembre de 1941, pocos días después del ataque japonés a Pearl Harbor, el presidente brasileño congeló todos los fondos alemanes, italianos y japoneses. A continuación, Brasil declaró oficialmente la guerra a las potencias del Eje el 22 de agosto de 1942. La ayuda de Brasil resultaría crucial, ya que sus costas noroccidentales en el Atlántico serían una gran plataforma de lanzamiento para el tráfico aliado que se dirigía a luchar contra el Eje en el norte de África y el Mediterráneo.

Al igual que durante la Primera Guerra Mundial, Brasil fue un socio útil para patrullar el Atlántico. En 1944, Brasil incluso envió un batallón a luchar contra los fascistas en Italia, lo que le otorgó la distinción de ser la única nación latinoamericana en hacerlo. Y luego estaba, por supuesto, la abundancia de recursos naturales que Brasil podía ceder fácilmente a sus socios aliados. El caucho, el hierro, los alimentos y el café eran suficientes para que el presidente estadounidense Franklin Roosevelt hiciera la vista gorda ante el hecho de que Brasil estuviera gobernado por una dictadura.

Soldados brasileños saludando a ciudadanos italianos
Durval Jr., CC BY-SA 3.0 https://creativecommons.org/licenses/by-sa/3.0/ vía Wikimedia Commons; https://commons.wikimedia.org/wiki/File:Massarosaw.jpg

Sin embargo, esta dictadura no duraría para siempre. En la primavera de 1945, el benigno dictador decidió que iba a dimitir por voluntad propia. Siguiendo la vieja tradición brasileña, incluso nombró al hombre que sería su sucesor: Eurico Gaspar Dutra. Se celebraron elecciones, y efectivamente, el candidato favorito, Dutra, resultó vencedor. Dutra tomó posesión de su cargo el 31 de enero de 1946. A continuación, se dedicó a crear otra constitución para Brasil. Esta insistió en que todos los presidentes brasileños a partir de entonces tendrían un mandato de cinco años y no podrían optar a la reelección.

Eurico Dutra ejerció tranquilamente su presidencia, demostrando ser una mano estable al frente del Brasil de la posguerra. Sin embargo, las elecciones presidenciales de 1950 fueron un shock, porque Vargas fue sacado de su retiro y devuelto a la escena nacional. Afirmó que había sido presionado para hacerlo, pero no está claro hasta qué punto sus afirmaciones eran ciertas. En cualquier caso, tuvo éxito en su candidatura en virtud de la nueva constitución, y estaba listo para comenzar su único mandato.

Sin embargo, Vargas no viviría lo suficiente para terminar su mandato. Aparentemente inquieto por la creciente oposición de los militares, los disturbios en su país y la inflación descontrolada, un triste y desilusionado presidente Vargas decidió quitarse la vida. Sí, sorprendentemente, el presidente de Brasil se suicidó. Fue encontrado muerto, con un disparo en el pecho de su propia pistola, el 24 de agosto de 1954. Brasil tuvo ciertamente sus altibajos en la primera mitad del siglo XX, pero a pesar de todas estas intrigas y agitaciones, la nación en su conjunto fue bastante estable en comparación con otras naciones latinoamericanas.

En el extremo norte de América Latina, en el estado-nación de México, por ejemplo, las primeras décadas del siglo XX resultarían ser las más turbulentas de la historia mexicana. De 1876 a 1911, México estuvo bajo el control de un dictador llamado Porfirio Díaz. Irónicamente, Díaz saltó a la fama criticando a sus predecesores Benito Juárez y Lerdo de Tejada, exigiendo que hubiera una norma que impidiera la reelección perpetua de los dirigentes mexicanos.

Sin embargo, una vez que Díaz se hizo con el poder, este dictador no pareció tener ya ningún reparo en la reelección. Es cierto que se hizo a un lado temporalmente después de su primer mandato para permitir que un títere suyo —Manuel González Flores— le guardara el puesto durante unos años antes de que decidiera volver a su propia promesa. Pero incluso entonces, Díaz estaba manejando los hilos y esperando su momento antes de volver a la presidencia en 1884.

Porfirio Díaz se reelegiría una y otra vez en una serie de elecciones farsantes. Y para la elección presidencial de 1910, muchos mexicanos estaban comprensiblemente listos para el cambio. El oponente de Díaz en las elecciones, Francisco Madero, había ganado una gran cantidad de apoyo. Se presentó como un hombre del pueblo y prometió acabar con la corrupción que había asolado los años de Díaz.

El electorado mexicano estaba tan harto de Díaz que Madero debería haber sido un favorito. Aun así, cuando llegaron los resultados de las elecciones, mostraron que Díaz había ganado por goleada. La mayoría no creyó que los resultados fueran legítimos, lo que provocó disturbios generalizados. Este fue el comienzo de lo que acabaría siendo la Revolución mexicana.

Madero ya era un populista, pero ahora se amplió aún más en su movilización del pueblo mexicano al aprovechar el apoyo de los aliados indígenas. Desde que los españoles se apoderaron de las tierras de los aztecas y los mayas, los verdaderos pueblos indígenas de México habían sido ignorados durante mucho tiempo. Puede que difirieran en algunos de los puntos más delicados de la estrategia, pero sin duda tenían un punto en común: la necesidad de sacar a Díaz del poder.

La primera ciudad tomada por los revolucionarios fue Ciudad Juárez, en el estado norteño de Chihuahua. Al parecer, esto fue suficiente para que Díaz se diera cuenta de que la situación había terminado —o al menos sus asesores lo convencieron de ello— y pronto se embarcó hacia París, Francia, donde vivió el resto de su vida en el exilio. Madero entró triunfalmente en la Ciudad de México el 7 de junio de 1911. Madero celebró nuevas elecciones y ganó fácilmente. Pero si alguien pensó que este era el fin de la revolución, se equivocó. De hecho, era solo el principio.

Cuando Madero parecía no querer o no poder cumplir muchas de sus promesas de campaña, una nueva revuelta se puso rápidamente en marcha. Esta vez, un líder rebelde de origen indígena, Emiliano Zapata, movilizó a la gente común con la promesa de tierra y libertad. El lema de Zapata, de hecho, era «Tierra y Libertad».

En noviembre de 1911, Madero envió a uno de sus generales, Victoriano Huerta, para sofocar la rebelión de Zapata en el sur. Huerta fue tan brutal en su actuación que consiguió alienar aún más a los que se oponían al régimen de Madero. Al final, el astuto Huerta dio la vuelta a sus gestores y cambió de bando. Al parecer, Huerta decidió que no podía vencer la revuelta popular que se estaba llevando a cabo contra Madero, así que trató de unirse a esta oleada popular de desaprobación.

Huerta acabó obligando a Madero a dimitir y, tras poner a Madero bajo custodia, se convirtió en el presidente provisional de México. Madero acabó siendo asesinado a tiros el 22 de febrero, supuestamente por intentar huir. El ascenso de Huerta al poder causó gran consternación en Estados Unidos, y el presidente estadounidense Woodrow Wilson se negó a reconocer la legitimidad del régimen de Huerta.

Mientras tanto, otro revolucionario se levantaría contra Huerta: Venustiano Carranza, que era el gobernador del estado de Coahuila, al noreste de México. Cuando las luchas internas se descontrolaron, Estados Unidos organizó una especie de intervención, desembarcando tropas en la ciudad portuaria de Veracruz en abril de 1914. Esta intervención fue provocada por los informes de que los alemanes estaban dispuestos a vender armas al régimen de Huerta.

Los Estados Unidos habían embargado previamente la venta de armas al gobierno de Huerta, y ciertamente no querían que los alemanes enviaran armas. Así que los Estados Unidos decidieron bloquear los envíos de armas tomando el control del puerto al que habrían llegado, Veracruz. Sin embargo, esta intromisión de EE. UU. unió temporalmente a las facciones contra la invasión estadounidense. Con la posterior mediación de Brasil, Chile y Argentina, Estados Unidos finalmente accedió a retirarse.

Huerta fue finalmente obligado a abandonar su cargo en julio de 1914. Carranza pasó a encabezar un gobierno provisional, pero seguía teniendo el problema de lidiar con otros líderes de la revolución, como el salvaje Pancho Villa en el norte y el exitoso insurgente del sur Emiliano Zapata. Ambos líderes rebeldes no estaban de acuerdo con Carranza en una serie de cuestiones. De hecho, estos hombres celebraron una convención el 10 de octubre de 1914, en un último intento de resolver sus diferencias. No funcionó.

Poco después, Carranza rechazó un frente unido forjado por Villa y Zapata. Carranza, que contaba con un enorme y reconstituido ejército federal detrás de él, consiguió finalmente salir victorioso tras la titánica batalla de Celaya en la primavera de 1915. El general de Carranza, Álvaro Obregón, destruyó totalmente el ejército de Pancho Villa, y este se vio obligado a huir hacia el norte. Zapata, mientras tanto, se fue marginando cada vez más en el sur hasta que finalmente fue asesinado en 1919.

Carranza sería asesinado al año siguiente, en 1920. Solo después de la muerte de Carranza empezó a surgir una cierta sensación de paz y normalidad en un país devastado por la guerra. Tras una presidencia interina de Adolfo de la Huerta (sin relación con Victoriano Huerta), Álvaro Obregón fue elegido presidente de

México ese noviembre.

Obregón fue finalmente capaz de manejar los hilos entre las muchas facciones de México y, lo que es más importante, fue capaz de ejecutar con éxito los acuerdos políticos que complacían a las empresas estadounidenses en México, a la vez que se presentaba como un defensor del pueblo mexicano. Complació a este último con sus reformas laborales y agrarias, así como con la mejora de los derechos civiles.

Muy sur de México, en Argentina, vemos una nación que siguió un camino muy diferente. A principios del siglo XX, Argentina se había convertido en una democracia vibrante y en una potencia económica. Argentina se benefició de un boom bélico tras la Primera Guerra Mundial debido a la gran demanda de productos cárnicos y de trigo en los que los argentinos estaban especializados.

Sin embargo, Argentina no pudo escapar a las ramificaciones del crack bursátil de 1929, que desencadenó una depresión económica mundial en 1930. Este acontecimiento condujo a un golpe militar, ya que el general argentino José Félix Uriburu echó al presidente argentino Hipólito Yrigoyen, debidamente elegido, de su cargo. Otro golpe se produjo durante la Segunda Guerra Mundial, cuando el general Arturo Rawson destituyó al presidente argentino Román Castillo en 1943.

En el marco de este último golpe militar, un oficial del ejército argentino llamado Juan Perón comenzaría su ascenso al poder. Posteriormente, Perón fue elegido presidente de Argentina en 1946. Argentina había vuelto a prosperar durante la necesidad de recursos en tiempos de guerra y experimentó otra ronda de prosperidad tras la conclusión de la Segunda Guerra Mundial. Había grandes proyectos de construcción e infraestructuras en marcha, y el ciudadano medio tenía dinero en el bolsillo para gastar en todas las nuevas tiendas que aparecían en cada esquina.

Perón era muy popular entre el pueblo argentino, que lo veneraba a él y a su glamurosa esposa, Eva, como a la realeza. Eva correspondió al público asumiendo un papel más activo como primera dama, al menos más activo de lo que Argentina había visto hasta entonces. Ayudó a patrocinar la recaudación de fondos para organizaciones benéficas y estableció orfanatos e incluso mercados de alimentos de bajo costo para los pobres. Debido a todos sus esfuerzos por llegar al pueblo argentino, los Perón eran realmente queridos por las masas de la clase trabajadora de Argentina.

No es de extrañar que Perón consiguiera la reelección en 1951. La pareja de poder de Perón se vería sacudida por la tragedia cuando Eva, enferma de cáncer, falleció en 1952. Con la pérdida de Eva, casi parecía que la magia de Perón había desaparecido. Debido al repentino declive económico, el apoyo personal de Juan Perón entre las masas entró en declive. Finalmente, Perón fue depuesto de la misma manera que inició su ascenso político: mediante una toma de posesión militar.

Durante esta época, Perú y Colombia tuvieron movimientos populistas similares, pero sus líderes más admirados —Víctor Raúl Haya y Jorge Eliécer Gaitán, respectivamente— nunca consiguieron llegar a los más altos cargos en sus respectivos países.

En Perú se creó un movimiento político de larga duración llamado APRA (Alianza Popular Revolucionaria Americana), que propugnaba la solidaridad nacional y se posicionaba en contra de la explotación de los recursos latinoamericanos por parte de los extranjeros. El colombiano Jorge Eliécer Gaitán causó una gran impresión. También él se presentó como un campeón del hombre común, denunciando la codicia de las empresas y defendiendo a los trabajadores. Su trágico asesinato en 1948 sumió a Colombia en una espiral de confusión.

América Latina había progresado mucho en su conjunto, pero aún le quedaba mucho camino por recorrer.

Capítulo 9 - América Latina y la Edad Moderna

El impulso hacia la modernización de América Latina no fue fácil, y hubo muchos momentos de agitación en el camino. El final de la Segunda Guerra Mundial y el inicio de la Guerra Fría entre Estados Unidos y la Unión Soviética cambiaron considerablemente la dinámica. En el juego de suma cero del capitalismo estadounidense frente al comunismo ruso, se había trazado una línea en la arena. Y los países latinoamericanos, declarados durante mucho tiempo sacrosantos por la Doctrina Monroe, estaban siendo sometidos a una prueba rutinaria de su pureza ideológica. Era una mentalidad del tipo «o estás con nosotros o estás contra nosotros».

Uno de los países latinoamericanos que se convirtió en sospechoso de cruzar estas líneas ideológicas fue la nación centroamericana de Guatemala. De 1944 a 1954, Guatemala disfrutó de una relativa prosperidad. Pero una vez que el presidente de Guatemala —Juan José Arévalo— comenzó a comparar sus esfuerzos de reforma con el «socialismo espiritual», los funcionarios estadounidenses comenzaron a prestar atención.

El sucesor de Arévalo, Jacobo Árbenz, llevó este sentimiento aún más lejos. Árbenz comenzó rápidamente a nacionalizar muchas empresas. Cuando empezó a atacar a las empresas respaldadas por Estados Unidos, como la infame United Fruit Company, patrocinadora de la república bananera, fue como si se hubiera declarado una guerra. Ciertamente, se había declarado una guerra por delegación no oficial.

Un mural que celebra a Jacobo Árbenz
Este archivo está bajo la licencia Creative Commons Attribution-Share Alike 3.0 Unported; https://en.wikipedia.org/wiki/File:Guatearbenz0870.JPG

A partir de 1954, Estados Unidos comenzó a armar y entrenar a grupos rebeldes para derrocar a este próspero régimen guatemalteco. Pronto, las naciones centroamericanas vecinas, como Honduras, Nicaragua y Costa Rica, fueron inundadas con armas por la CIA (Agencia Central de Inteligencia). Los estadounidenses respaldaban a sus leales repúblicas bananeras contra una nación que se había atrevido a rebelarse contra los intereses de Estados Unidos.

La Doctrina Monroe se había transformado aparentemente para impedir no solo la injerencia exterior, sino también la ideología exterior (o al menos la ideología considerada fuera de los límites de la democracia). Y en el caso de Guatemala, los estadounidenses acabaron teniendo éxito. Los rebeldes respaldados por la CIA cruzaron a Guatemala y asaltaron la capital guatemalteca. Árbenz se vio obligado a huir del país.

Aun así, Estados Unidos pronto se vería distraído por los acontecimientos en el Caribe, donde se estaba gestando un coqueteo aún más serio con el comunismo. En 1959, el hombre fuerte de Cuba, Fulgencio Batista, fue expulsado del poder por un levantamiento popular del pueblo cubano. Al principio no estaba claro cuáles eran las tendencias políticas de los revolucionarios, pero el líder rebelde Fidel Castro pronto causaría problemas con Estados Unidos.

Sin tener que proclamarlo necesariamente, las políticas de Castro eran claramente de origen comunista. Su Ley de Reforma Agraria, aprobada al principio de su toma de poder, pretendía redistribuir la tierra. Se trata de una estrategia clásica de los gobiernos marxistas: la idea de que se puede confiscar arbitrariamente la tierra a los propietarios y repartirla entre las masas. La idea puede sonar maravillosa para los que nunca han tenido una parcela propia, pero para los que ya poseían varios acres, parecía un auténtico robo.

Entre los afectados por este acaparamiento de tierras se encontraban las partes interesadas de Estados Unidos, a las que, obviamente, no les hacía ninguna gracia. Dado que Estados Unidos había tenido éxito recientemente en el derrocamiento del gobierno guatemalteco, los funcionarios estadounidenses empezaron a considerar la posibilidad de llevar a cabo una intervención encubierta similar en Cuba. La administración saliente de Dwight D. Eisenhower elaboró los planos del plan que finalmente se conocería como bahía de Cochinos.

La idea era utilizar a los exiliados cubanos para derrocar al régimen de Castro. Se trataba de exiliados políticos, opositores a Castro que huyeron de la isla cuando este llegó al poder. Como Estados Unidos no iba a enviar sus propias tropas, la siguiente opción era armar a los disidentes cubanos hasta los dientes, hacer que aterrizaran en Cuba y dirigirlos de forma encubierta para destruir a Castro y sus secuaces.

El presidente Eisenhower había preparado el escenario para esta operación encubierta, pero fue el sucesor de Eisenhower, John F. Kennedy, quien realmente la llevaría a cabo. La operación se puso en marcha el 14 de abril de 1961. El intento de derrocamiento se convirtió en un completo desastre. Varios de los exiliados murieron en la primera ronda de combates y, finalmente, los supervivientes se convirtieron en prisioneros de guerra.

Las relaciones entre Cuba y Estados Unidos se habían roto irremediablemente. El régimen castrista buscaba seguridad ante la hostilidad estadounidense, por lo que se acercó a los rusos. Esto llevó a la Unión Soviética a regalar a la isla misiles nucleares, supuestamente como elemento de disuasión ante cualquier amenaza de invasión. Este incidente desencadenaría la llamada «crisis de los misiles de Cuba», en la que las dos superpotencias —Estados Unidos y la Unión Soviética— estuvieron a punto de llegar a las manos. Parecía que un movimiento en falso podría desencadenar un intercambio termonuclear.

Sin embargo, el presidente Kennedy demostró que tenía nervios de acero. Y a pesar de la debacle de bahía de Cochinos, se redimió realmente con la tremenda muestra de liderazgo que mostró. En lugar de acobardarse y retroceder ante la beligerancia rusa, Kennedy se mantuvo firme y exigió a los soviéticos que sacaran los misiles de Cuba.

Al final, la Unión Soviética accedió a las demandas de Kennedy y retiró los misiles de Cuba. Sin embargo, Cuba estaba firmemente en la órbita soviética y seguiría siendo comunista incluso después de que los rusos echaran a un lado su propia variante del comunismo (la Unión Soviética se desintegró oficialmente el 26 de diciembre de 1991). Los cubanos incluso intentaron «exportar» su comunismo a otros países latinoamericanos.

En particular, el revolucionario cubano Che Guevara fue enviado a las selvas de Bolivia en un intento de fomentar una revolución comunista. A pesar de los esfuerzos del Che, no funcionó. El Che acabó siendo perseguido por las autoridades bolivianas y fue asesinado en 1967. Bolivia se aferró a los valores conservadores y la Iglesia católica se negó a dejarse conmover por los ruegos comunistas.

En muchos sentidos, el baluarte del catolicismo en América Latina, consagrado desde hace mucho tiempo, resultó ser un obstáculo demasiado empinado para los comunistas. La mayoría de los latinoamericanos abrazaron su fe y sus antiguas tradiciones. La nación de Colombia tuvo el privilegio de recibir la primera visita oficial del papa a América Latina. En 1968, el año siguiente a la desaparición del Che Guevarra, el papa Pablo VI llegó a Bogotá.

El papa estuvo allí para presidir el Congreso Eucarístico Internacional. En esta conferencia se habló largamente de la necesidad de elevar a las masas pobres de América Latina y liberarlas de la «violencia institucionalizada» de todos los regímenes corruptos que las habían asolado. Los asistentes a la conferencia hablaron de que «el hambre, la ignorancia y la enfermedad rampante» eran los verdaderos enemigos del pueblo. Los regímenes latinoamericanos fracasados no habían tomado medidas para evitarlo y, por tanto, estaban ejerciendo una «violencia institucionalizada» contra su propio pueblo.

Esto supuso un gran cambio: era esencialmente el catolicismo con una inclinación más socialista. En lugar de enseñar a las masas oprimidas que les esperaba una gran recompensa en el cielo, planteó un plan para tener una agenda social más activa para mejorar la vida. Los obispos de la conferencia argumentaron que si los gobiernos de América Latina estaban fallando a los fieles católicos, entonces los capítulos locales de la Iglesia católica deberían hacer más en forma de alcance local.

Esta idea de que la Iglesia católica desarrollara una base activista se conocería como teología de la liberación. Sus defensores defendían la idea de crear «comunidades cristianas de base» en los barrios pobres de América Latina. Sin embargo, la Iglesia estaba profundamente dividida respecto a esta nueva noción. Algunos pensaban que era una gran idea, mientras que otros creían que una mayor implicación socialista y un activismo radical de los líderes eclesiásticos llevarían a la propia iglesia por el camino del comunismo.

Con la llegada del papa polaco Juan Pablo II, que creció en la Polonia comunista, la facción más conservadora de la Iglesia se levantó contra la facción más socialista/activista. Tras convertirse en pontífice en 1978, Juan Pablo II lideró la carga para evitar que los líderes de la iglesia se convirtieran en «revolucionarios religiosos». Al igual que la facción conservadora de la Iglesia católica se había levantado contra las ideologías de tendencia más izquierdista, los gobiernos actuales de América Latina desarrollaron una especie de «mentalidad de asedio», en la que todos los medios para suprimir el sentimiento izquierdista o comunista se consideraban adecuados.

Los jefes de Estado latinoamericanos estaban en guerra con sus disidentes, y contaban con el apoyo de Estados Unidos. Desesperado por evitar otra revolución cubana, Estados Unidos parecía opinar que el fin justificaba los medios. Existía la sensación de que había que detener las incursiones comunistas en América Latina a cualquier precio. Por ello, los líderes latinoamericanos recibieron a menudo un cheque en blanco en lo que respecta a los abusos de los derechos humanos.

No importaba la brutalidad de sus medidas represivas siempre que fueran anticomunistas y estuvieran oficialmente alineadas con las políticas estadounidenses. Esto condujo a una situación paradójica. Estados Unidos decía que buscaba promover la democracia, pero sus acciones encubiertas y su apoyo acabaron dando lugar a toda una serie de dictadores en toda América Latina.

Los déspotas fuertes de América Latina eran mucho más fáciles de predecir que los populistas elegidos democráticamente, como Juan Perón. Y en el juego de suma cero de la Guerra Fría, la amenaza del comunismo de la Unión Soviética se percibía como lo suficientemente grande como para merecer el apoyo de los tiranos y las juntas militares siempre que fueran un tirano y una junta militar leales a Estados Unidos. Mientras no estuvieran aliados con la Unión Soviética y no avanzaran hacia el comunismo, los terribles déspotas podían ser tolerados como un mal necesario.

Este enfoque absolutista hizo que Estados Unidos apoyara un golpe militar en Chile en 1973, que daría lugar a uno de los dictadores más brutales de la historia de América Latina: Augusto Pinochet. Pinochet era terrible, pero cumplió las órdenes de los estadounidenses en cuanto a la erradicación de los subversivos comunistas. Y los Estados Unidos acabaron cumpliendo las órdenes de Pinochet al intensificar la controvertida Operación

Cóndor a petición de este.

La Operación Cóndor comenzó en realidad antes de la llegada de Pinochet al poder. Fue concebida por primera vez bajo la administración del presidente estadounidense Lyndon B. Johnson en 1968. Se intensificaría bajo el presidente Richard Nixon y continuaría durante los gobiernos de Jimmy Carter y Ronald Reagan. Esta operación clandestina fue bipartidista, ya que fue apoyada tanto por los presidentes demócratas (Johnson y Carter) como por los republicanos (Reagan y Nixon).

Con el visto bueno del Departamento de Estado de Estados Unidos, el régimen de Pinochet comenzó a encarcelar a miles de chilenos, a menudo sin otra razón que el hecho de ser considerados «subversivos» por el gobierno chileno. Además de encarcelar a la gente, Pinochet también creó lugares de tortura, donde se utilizaban métodos de interrogatorio brutales para obtener respuestas de presuntos insurgentes comunistas. Uno de los sitios más infames fue el Estadio Nacional, un estadio deportivo que se convirtió en un centro de detención.

Y mientras todo esto ocurría, Estados Unidos se veía cada vez más envuelto en la lucha interna de la nación centroamericana de Nicaragua. Esto es quizás un gran eufemismo, ya que los Estados Unidos, de hecho, habían estado involucrados en la política nicaragüense durante varias décadas. Los Estados Unidos enviaron a los marines en 1912 después de que las facciones revolucionarias se apoderaran de los buques estadounidenses. El asediado presidente nicaragüense de entonces —Adolfo Díaz— pidió ayuda a Estados Unidos, y así comenzó la intervención. Aparte de una breve retirada en 1925, los estadounidenses permanecerían en Nicaragua hasta 1933.

La atención de Estados Unidos volvería a dirigirse a Nicaragua cuando un grupo revolucionario llamado los sandinistas cobró protagonismo en 1979. Frente a los sandinistas había un grupo de contrainsurgentes llamado los Contras. Cuando Ronald Reagan se convirtió en presidente de Estados Unidos en 1981, aprobó un plan para que la CIA ayudara a los combatientes de la Contra. Inicialmente, esto se hizo directamente, pero una vez que el Congreso promulgó la legislación para limitar los fondos oficiales destinados al grupo rebelde en 1983, la administración Reagan tuvo que idear algo más.

Comenzaron a vender secretamente armas a Irán, que estaba en guerra con Irak (un aliado de Estados Unidos en ese momento), y los ingresos de estas ventas de armas se enviaron a los rebeldes de la Contra para que pudieran comprar armas por su cuenta. Todo este extraño y enrevesado esquema se filtraría más tarde al público, y se conoció como el asunto Irán-Contras.

Estados Unidos también se vio envuelto en el caso del panameño Manuel Noriega a finales de la década de 1980, con resultados igualmente desastrosos. En un momento dado, la administración Reagan intentó utilizar a Noriega como intermediario para enviar armas a los Contras en Nicaragua. Manuel Noriega también fue reclutado para acoger y entrenar a los rebeldes de la Contra en la preparación de las hostilidades previstas contra los sandinistas en Nicaragua.

Manuel Noriega se vio envuelto en operaciones masivas de tráfico de drogas hacia los Estados Unidos. Las cosas se pusieron tan mal que Estados Unidos llevó a cabo una operación militar en Panamá contra Noriega el 20 de diciembre de 1989. Noriega acabó rindiéndose a las fuerzas especiales estadounidenses el 3 de enero de 1990. Noriega fue juzgado por sus cargos de narcotráfico (así como por cargos de blanqueo de dinero y crimen organizado) en la primavera de 1992. Se le declaró culpable de los cargos y se le impuso una condena de cuarenta años. Posteriormente se redujo considerablemente, y Noriega fue puesto en libertad el 9 de septiembre de 2007.

Estados Unidos tampoco fue el único país implicado en los asuntos latinoamericanos. ¿Quién podría olvidar la crisis que estalló cuando Gran Bretaña decidió entrar en guerra contra Argentina por las Islas Malvinas? Las Islas Malvinas, situadas frente a las costas de Argentina, habían estado controladas por los británicos durante cientos de años. En abril de 1982, las fuerzas argentinas intentaron reclamar el territorio como propio. Tomando al mundo entero por sorpresa, las tropas argentinas irrumpieron en las costas de las Islas Malvinas el 2 de abril. Los británicos contraatacaron y, en cuestión de días, un centenar de barcos británicos con miles de soldados aparecieron en las Malvinas, listos para la batalla. Tras una serie de escaramuzas en tierra y mar, las tropas argentinas se vieron obligadas a rendir las islas el 14 de junio de 1982.

Colombia, mientras tanto, había caído en una de las peores violencias que jamás había visto. Esta violencia no se debía a las guerras extranjeras, sino a las guerras del narcotráfico. La década de 1980 vio el ascenso de Pablo Escobar. Escobar había construido un imperio de la droga que le reportó mucho dinero. Utilizó este dinero para su lujoso estilo de vida personal, pero también devolvió a la comunidad de diversas maneras. Construyó estadios de fútbol e invirtió en otros negocios legales.

Escobar quería ser como el mafioso Al Capone. Aunque Al Capone estaba metido de lleno en la delincuencia, a menudo hacía lo que podía para contribuir a la comunidad y hacerse querer por el público. Escobar intentó hacer lo mismo con el dinero que recibía por el envío de cocaína. Aunque la hoja de coca, en su mayor parte, se cultivaba en Perú y Bolivia, la ciudad colombiana de Medellín era el centro del imperio de la droga de Pablo Escobar.

Con el tiempo, Estados Unidos se cansó de que el cártel de Escobar enviara drogas a Estados Unidos y presionó al gobierno colombiano para que extraditara a Escobar por cargos de narcotráfico. Escobar contraatacó con su infame «narcoterrorismo», que desató el caos contra todo aquel en Colombia que le exigiera responsabilidades. Esto significaba que los legisladores colombianos, así como los miembros de los medios de comunicación, eran el objetivo si indagaban o se entrometían demasiado.

Finalmente, Escobar llegó a un acuerdo con el gobierno colombiano en 1991, entregándose a la policía colombiana con la condición de no ser extraditado a Estados Unidos. Pero aunque se había entregado a las autoridades, Escobar seguía mandando. Por increíble que parezca, se le permitió construir su propia prisión de lujo. Su arresto domiciliario tuvo lugar en una lujosa mansión que incluía salones de baile, salas de conferencias y una piscina. Desde su nueva «prisión», Escobar siguió controlando su imperio de la droga. Era casi como si no hubiera pasado nada.

Sin embargo, en el verano de 1992, salieron a la luz las noticias sobre sus actividades, y en las repercusiones, esta escandalosa situación se convirtió finalmente en la vergüenza pública que debería haber sido desde el principio. Por ello, las autoridades colombianas iniciaron los preparativos para trasladar a Escobar a una prisión más tradicional. Una vez allí, no podría vivir como quisiera.

Pero Escobar se negó a someterse a los caprichos de las autoridades y decidió escapar. Se dio a la fuga. El 2 de diciembre de 1993, Pablo Escobar fue localizado después de que la policía rastreara una llamada telefónica que había hecho a su hijo. La policía persiguió a Pablo desde una residencia, pero fue abatido a tiros mientras corría. Colombia seguiría sufriendo la violencia relacionada con la droga durante muchos años.

Al lado, en Venezuela, una figura carismática llamada Hugo Chávez había subido al poder, en gran medida por su promesa de devolver el orden y la estabilidad. Hugo Chávez se había presentado como el campeón del pueblo, y al asumir el cargo de presidente de Venezuela en 1998, prometió traer a los pobres prosperidad y salvaguardar los derechos de las masas.

Pero en la década de 2010, Venezuela ya estaba sumida en una terrible inflación. Chávez acabó muriendo en el cargo en 2013 y le sucedió Nicolás Maduro. Desde entonces, la economía venezolana ha seguido cayendo en picado, a pesar de que Maduro fue reelegido en 2018, superando a su oponente Juan Guaidó en casi un 70%. Sin embargo, hay que tener en cuenta que varios observadores externos expresaron su preocupación por una supuesta prevaricación electoral.

Mientras que Venezuela podría haber girado a la izquierda, países como Brasil dieron un giro brusco a la derecha. En 2018 fue elegido el incendiario conservador Jair Bolsonaro. Se convertiría en el pararrayos de América Latina durante la pandemia de 2019 debido a algunas de sus reacciones y políticas más controvertidas ante la crisis.

Incluso en la era moderna, América Latina, en muchos sentidos, sigue siendo una región en cambio. Es propensa a grandes cambios ideológicos que van sucediéndose según los acontecimientos.

Conclusión: El futuro de América Latina

América Latina siempre ha sido una región algo difícil de definir. A menudo se ha dicho que las diferencias en la propia América Latina solo se unifican cuando se ven desde una perspectiva exterior. Los peruanos, los argentinos y los mexicanos rara vez se ven a sí mismos con muchas similitudes dentro de los límites de América Latina. Pero si los ciudadanos de estas tres naciones se encontraran en Estados Unidos, todos serían agrupados como «latinos».

A pesar de sus muchas diferencias, los que residen en América Latina sí comparten un vínculo común. Todos estuvieron sometidos a las presiones del Viejo Mundo de la Europa Latina, un mundo que convergió y se mezcló con el Nuevo Mundo. Casi todos los pueblos de la América prelatina —con algunas excepciones— acabaron perdiendo sus lenguas ancestrales en favor de las lenguas europeas. Muchos también abandonaron sus antiguas prácticas religiosas en favor del catolicismo. En lugar de practicar las antiguas costumbres, sus descendientes crecieron hablando español y portugués, y asistiendo a misa en una iglesia católica.

Cuando el Viejo y el Nuevo Mundo chocaron, nació América Latina. América Latina continuó desarrollando su propia identidad mientras sus amos coloniales en Europa observaban. Aunque las colonias proporcionaron grandes riquezas a los europeos, los jefes de Estado europeos siempre tuvieron un control bastante tenue sobre sus posesiones de ultramar en América Latina. Estas tierras estaban lejos, y los administradores locales que enviaban para supervisarlas se tomaban la libertad de gestionar las cosas a nivel local. Esto se debía tanto a la practicidad como a su propia ambición personal.

Desde el punto de vista práctico, a los monarcas europeos les resultaba a menudo muy difícil enviar instrucciones a tiempo a sus gobernadores coloniales. Un mensaje podía tardar varios meses en cruzar el Atlántico y llegar a los oídos de sus secuaces coloniales. Esto llevó a algunos estilos de liderazgo bastante inventivos y a veces perversos por parte de los administradores coloniales. Algunos fueron crueles, otros interesados y algunos incluso se convirtieron en déspotas benévolos. Pero fue este primer atisbo de autonomía el que sentó las bases para la independencia real. Mientras las fuerzas de Napoleón invadían la península ibérica en 1807, empezaron a surgir juntas militares independientes por toda América Latina.

Incluso después de que Napoleón fuera derrotado y la situación en España y Portugal volviera a la normalidad, a América Latina le resultaría imposible volver al statu quo anterior. Los movimientos independentistas estallarían por todas partes. América Latina pasaría entonces la mayor parte de los doscientos años siguientes tratando de resolverlo todo. Se han hecho muchos avances, pero aún queda mucho por hacer. Sin embargo, América Latina es rica en recursos y vibrante en cultura. Tiene un gran potencial para disfrutar de un futuro brillante.

Vea más libros escritos por
Captivating History

LA NORTEAMÉRICA COLONIAL

UNA GUÍA FASCINANTE DE LA HISTORIA COLONIAL DE LOS ESTADOS UNIDOS Y DE CÓMO LOS INMIGRANTES DE INGLATERRA, ESPAÑA, FRANCIA Y LOS PAÍSES BAJOS ESTABLECIERON COLONIAS

CAPTIVATING HISTORY

Apéndice A: Lecturas adicionales y referencias

Conquerors: How Portugal Forged the First Global Empire. Roger Crowley. 2015.

Montezuma II: Great Military Leaders. Elizabeth Schulz. 2017.

Born in Blood and Fire: A Concise History of Latin America. John Charles Chasteen. 2016.

The Kingdom of the Sun: A Short History of Peru. Luis Martin. 1974.

A Short History of Mexico. John Patrick McHenry. 1962.

Made in the USA
Monee, IL
25 August 2025